Wolfgang Glitt

Mit Spaß und Laune zum überzeugenden Redner!

Wolfgang Glitt

Mit Spaß und Laune zum überzeugenden Redner!

Ein einfaches Trainingsprogramm: Bewusst atmen, überzeugend reden, entspannt wirken

Trainerverlag

Impressum/Imprint (nur für Deutschland/only for Germany)
Bibliografische Information der Deutschen Nationalbibliothek: Die Deutsche Nationalbibliothek verzeichnet diese Publikation in der Deutschen Nationalbibliografie; detaillierte bibliografische Daten sind im Internet über http://dnb.d-nb.de abrufbar.

Coverbild: www.ingimage.com

Verlag: Der Trainerverlag ist ein Imprint der
Südwestdeutscher Verlag für Hochschulschriften GmbH & Co. KG
Heinrich-Böcking-Str. 6-8, 66121 Saarbrücken, Deutschland
Telefon +49 681 37 20 271-1, Telefax +49 681 37 20 271-0
Email: info@verlag-trainer.de

Herstellung in Deutschland:
Schaltungsdienst Lange o.H.G., Berlin
Books on Demand GmbH, Norderstedt
Reha GmbH, Saarbrücken
Amazon Distribution GmbH, Leipzig
ISBN: 978-3-8417-5042-6

Imprint (only for USA, GB)
Bibliographic information published by the Deutsche Nationalbibliothek: The Deutsche Nationalbibliothek lists this publication in the Deutsche Nationalbibliografie; detailed bibliographic data are available in the Internet at http://dnb.d-nb.de.

Cover image: www.ingimage.com

Publisher: Trainerverlag
is an imprint of the publishing house
Südwestdeutscher Verlag für Hochschulschriften GmbH & Co. KG
Heinrich-Böcking-Str. 6-8, 66121 Saarbrücken, Deutschland
Phone +49 681 37 20 271-1, Fax +49 681 37 20 271-0
Email: info@verlag-trainer.de

Printed in the U.S.A.
Printed in the U.K. by (see last page)
ISBN: 978-3-8417-5042-6

Wolfgang Glitt

„Mit Spaß und Laune zum meisterhaften Redner“

Ein einfaches Trainingsprogramm:
Bewusst atmen, überzeugend reden, entspannt wirken.

Autor + alle Urheberrechte bei:
Wolfgang Glitt
Stimm- und Atemtrainer
wglitt@gmx.de
www.isisem.de

Inhaltsverzeichnis:

„Mit Spaß und Laune zum meisterhaften Redner“ -
Ein einfaches Trainingsprogramm: Bewusst atmen, überzeugend reden, entspannt wirken

–

1. Bevor es losgeht

Mir war nie so ganz einleuchtend, was die Übungen des „Kleinen Heys“, des Standardwerks ganzer Schauspielergenerationen zur Stimm- und Sprecherziehung, bewirken sollen, außer Nervenzusammenbrüchen, verknoteten Zungen und verkrampften Kiefergelenken. Oder kann der gesunde Menschenverstand wirklich annehmen, dass Sätze wie: „Heulsturm dräuend beuget Bäume, Streut das Heu, verscheucht die Leute!“, irgendeinen Nutzen oder gar tieferen Sinn in sich tragen? Nachdem eine pensionierte Operettensängerin mir noch den letzten Schliff in der Entfaltung meines Brummbasses geben wollte, indem sie anscheinend den Ehrgeiz besaß, mich in einem Eunuchenchor unterzubringen, gelangte ich endlich an den Richtigen. Der schüttelte nach dem ersten Workshop nur den Kopf und fragte mich mit hochgezogenen Augenbrauen: „Sag mal. Hast du eigentlich vor, stimmlichen Harakiri zu begehen, oder was gibst du da für Töne von dir?“
Am nächsten Tag meldete ich mich bei meiner Operettensängerin ab und beschloss, den Lehren meines neuen Idols zu folgen.

Nun aber langer Rede kurzer Sinn: Sie wollen natürlich wissen, was Ihnen das Ganze bringt, wie lange sie brauchen, um dies zu erlernen, welche Ziele erreicht werden können und was sie dafür aufwenden müssen. Kommen wir also zum Business.

Die hier vorgestellten Übungen werden Ihre Ausdrucksfähigkeit verbessern, sowohl stimmlich als auch im Auftreten. Allerdings erfordert dies zwei Voraussetzungen: Sie sollten regelmäßig üben, es aber gleichzeitig mit Freude und entspannt angehen.

Für wen nun ist dieses Übungsprogramm?
Für alle, die Präsentationen durchführen müssen, sei es als Vorträge, Moderationen, Unterrichtsstunden, Predigten, Kundendarbietungen oder Verkaufsveranstaltung, sowie für Radio- und Fernsehsprecher. Die Übungen sind Handwerkzeug für den stimmlichen Dauereinsatz im Callcenter; für Pädagogen im Stimmstress und Seminartrainer, letztlich für alle, die durch ihre Stimme den Lebensunterhalt verdienen.

Merke:
Denken Sie nicht zu viel an das, was Sie erreichen wollen, sondern gehen Sie auf Entdeckungsreise. Manches mag Ihnen kurios vorkommen. Machen Sie sich keine Gedanken darüber, Hauptsache es wirkt. Allerdings nur bei dem, der bereit ist, loszulassen.

2. Mein Gott, Norbert:

Norbert, technischer Direktor einer großen Firma, wollte es von Anfang an genau wissen: „Was bringt mir das Training? Was kann ich damit erreichen?“
Meine Gegenfrage: „Was willst Du erreichen? Was sind Deine Ziele?“
Norbert: „Ich will offensiver werden, meinen Arbeitsbereich und meine eigene Person besser verkaufen können. Außerdem habe ich Schwierigkeiten, auf den Punkt zu kommen. Meistens habe ich zu viele Bedenken. Dann habe ich das Gefühl, der Hals geht zu und die Stimme wird dünn. Wenn ich dann vor meinem Aufsichtsrat stehe, weiche ich dem Blickkontakt aus, empfinde ihn sogar als bedrohlich. Das soll alles besser werden.“
Natürlich haute er mir seine Zielvorstellungen nicht in einem Satz um die Ohren, sondern unser Vorgespräch dauerte schon ein paar Minuten. Dennoch, es war eine ganz schöne Erwartungshaltung, die Norbert mit in mein Büro brachte. Auf der anderen Seite schleppte er seit Jahren eine große Last mit sich. Was also tun? Ganz einfach. Ich ließ ihn das gleiche Programm durchlaufen, wie alle anderen, die bisher zu mir gekommen waren. Natürlich von der Schrittfolge her ein wenig abgeändert, aber dennoch mein Pauschalpaket. Seine Selbsteinschätzung traf im Übrigen haargenau zu. In dieser Richtung konnte ich ihn nur zu seinen analytischen Fähigkeiten beglückwünschen. Es zeigte aber auch, dass er wirklich gewillt war, etwas zu ändern.
Nun ist es nicht so, dass er Tag und Nacht geübt hätte. Die nächsten Tage und Wochen beobachtete er vorwiegend den Sitz seiner Atmung und versuchte, sich darauf zu konzentrieren, wo sie in welcher Situation hinfloss. Als zweites baute er die Entspannungsübungen in seinen Alltag ein. Zuletzt pickte er sich zum täglichen Trainieren die Übungen heraus, die ihm am meisten brachte. In seinem Fall war das der „Kinderkopf“ (s.u.) Der Effekt: Vor der vierten Stunde fragte ich ihn: „Und, Norbert. Hast Du auch kräftig geübt in der Zwischenzeit?“ Er strahlte mich an: „Geübt habe ich eigentlich nicht mehr. Aber ich habe es verinnerlicht.“
Und tatsächlich, seine Fortschritte waren prima. Natürlich haben wir die restlichen Einzelstunden des vorher vereinbarten Zehnerblocks noch miteinander gearbeitet. Schließlich muss ich ja auch leben. Und als sein Lehrer/Trainer musste ich ihn immer wieder ermahnen, gewissenhaft zu üben. Oder war es einfach, weil das Trainieren mit ihm so viel Spaß machte. Seine Ziele hatte er jedenfalls erreicht. Und ich auch. - Nun ist Norbert kein Einzelfall, eher schon die Regel. Natürlich mit wechselnden Erfolgen. Aber, obwohl ich ein sehr kritischer Mensch bin, hat mich mein Programm mittlerweile selbst überzeugt. Und auch die meisten derjenigen, die die letzten zehn Jahre dieses Programm durchlaufen haben.
Also, wieso auch nicht Sie? Los geht's.

Merke:
Verinnerlichen bringt mehr als abrackern.

3. Zurück zu den Anfängen, oder: „Was wir von Babys lernen können.“

„Haben Sie selbst Kinder, oder Bekannte, Freunde, die zurzeit ein Baby haben?" Dies ist eine meiner ersten Fragen, wenn jemand das erste Mal zum Training kommt. Nach irritiertem Blick kommt dann die Antwort. „Nun ja. Ich habe selbst zwei ...", oder „Freunde von mir haben ..." „Wunderbar. Dann sagen Sie mir einmal den Namen des Kindes." „Lea." „Okay. Wissen Sie noch als Lea ganz klein war, ein Baby, wohin es da geatmet hat?" Dann folgt ein Moment intensiven Nachdenkens, des Rumratens und Zeigens auf die verschiedenen Körperpartien. Die meisten Erwiderungen haben aber eins gemeinsam: Sie siedeln die Atmung des winzigen Menschenkindes zu hoch an. Es ist nicht der Hals, oder der Brustkorb, auch nicht der Bauch allein. Ein Baby atmet mit seiner gesamten Körpermitte. Nehmen Sie sich jetzt ruhig ein wenig Zeit und schnappen sich das nächst greifbare Baby, um meine These zu überprüfen. - Na, überzeugt? Und jetzt sind Sie an der Reihe. Wo atmen Sie hin? Genau! Eigentlich haben Sie sich noch nie darüber Gedanken gemacht, wohin Sie atmen. Den wenigsten ist überhaupt bewusst, dass sie atmen. So leicht, so selbstverständlich erscheint uns dies. Höchstens, wenn wir erkältet sind, merken wir, dass es ganz schön lästig sein kann, wenn das nicht so klappt mit dem Atem. Dabei ist der Atem die Quelle unseres Lebens. Wer nicht mehr atmet ist tot. Höchste Zeit also, uns über diese „Nebensächlichkeit" Gedanken zu machen.

Merke:
Atme mit der gesamten Körpermitte. Lerne von den Babys.

4. Lust statt Frust

Etwas üben zu müssen, hat oft den lästigen Beigeschmack nach Zwang und Müssen. Auf jeden Fall ist es unbequem und stört den normalen Trott. Ja, aber genau das ist es doch, weshalb Sie dieses Buch lesen. Sie wollen etwas verändern, wenn nicht, sind Sie nun am Ende der Lektüre angelangt und können die Seiten beruhigt zuklappen. Im anderen Fall sind Sie gefordert. In welcher Weise? Ich verlange zwei Minuten Ihrer täglichen Zeit, nicht mehr und nicht weniger. Denn, wenn Sie auch nur eine der Übungen pro 24 Stunden durchführen, so haben Sie die wichtigste Voraussetzung zum Gelingen der von mir vorgeschlagenen Techniken erfüllt: Sie sind am Ball geblieben und haben „regelmäßig!!" geübt. Und wenn Sie sich auch nur zwei Minuten am Tag hinsetzen „Fahrstuhl" fahren und dabei sanft atmen, werden Sie weiterkommen. Aber vor allen Dingen sollen die Übungen Spaß machen und nicht als Last empfunden werden. Denn Lachen ist die beste Zwerchfellübung, die es gibt.
Setzen Sie nicht zu viel den Kopf ein beim Trainieren. Wie oft habe ich meine Trainierenden die Stirn runzeln sehen, angestrengt nachdenkend. Am besten aber funktioniert es, wenn Sie einfach loslassen, ausprobieren und zur Korrektur immer mal wieder ins Buch schauen. Es wird sich vieles ganz automatisch einüben. Vertrauen Sie darauf und auf sich.

Merke:
Üben Sie täglich zwei Minuten, das reicht. Wichtig ist, dass die Übungen sich automatisieren.

5. Spaß statt Krampf

Tu dies nicht, tu das nicht! Werde erwachsen! Du musst, Du sollst! Pass auf! Vergiss nicht! Reiß Dich zusammen! Denk doch mal nach! Wo hast Du bloß Deinen Kopf?! Du musst besser sein, schneller, klüger, als...!
Diese Liste von Aufforderungen und Ermahnungen ließe sich fast endlos fortsetzen. Die Summe des ganzen nennt sich Erziehung. Vieles davon ist wichtig und richtig. Schließlich soll das Kind ja ein nützliches Glied der Gesellschaft werden. Doch wir müssen uns darüber im Klaren sein, dass wir in einer Leistungsgesellschaft leben und die hat nicht nur gute Seiten. Durch die hohen Erwartungen an uns und unsere Kinder geht eine Menge unserer natürlichen Anlagen verloren. Besonders deutlich wird dies an der Atmung. Anstatt tief und entspannt in Richtung Becken zu atmen, presst der Leistungsmensch seinen Atem in den Brustkorb. Im Rhythmus unserer schnelllebigen Zeit wird schnell und flach eingeatmet und kurz und stoßweise wieder nach außen. Alles ist auf den Kopf und den Verstand ausgerichtet. Wer nicht schnell genug ist, verliert, ist die Devise. Doch gleichzeitig wird die Luft knapp und der Hals ist durch das stoßartige Atmen wie zugeschnürt. Die Folge sind Ängste, Unsicherheit, Stress. Fast wie bei einem Schnellkochtopf, der immer mehr unter Dampf steht, weil das Ventil sich nicht mehr öffnet.
Mit den hier geschilderten Atemübungen wird es Ihnen gelingen, Dampf abzulassen, sich entspannter und gekräftigt zu fühlen. Voraussetzung dafür ist allerdings, folgendes Prinzip zu beachten: Atmung ist sanft, zart, weich und wohltuend, ein Geschenk. Nur, wer dieses Prinzip beachtet, kann seine Atmung kraftvoll einsetzen, ohne zu verkrampfen.
Bei allem Ehrgeiz, sich stimmlich und im Auftreten zu verbessern, sollten Sie dies beachten. Lassen Sie los, üben Sie mit Freude und Gelassenheit, dann wird sich der Erfolg automatisch einstellen. Vertrauen Sie sich und der Kraft Ihres Atems.
Also: Ihre stimmlichen Erfolge erzielen Sie durch Loslassen und durch Öffnung. Versprochen!

Merke:
Sanftes und tiefes Atmen lässt Dampf ab.

6. Wer ein dickes Fell hat lebt gesünder

Mit Zwergen hat es ja gerad` gar nichts zu tun – das Zwerchfell. Obwohl Kleinwüchsige schon ein dickes Fell brauchen, um durchs Leben zu kommen. Da aber das Zwerchfell der Hauptmuskel ist, den wir trainieren wollen, sei ihm Anfang unseres Übungsprogramms besondere Aufmerksamkeit gewidmet.
Der Ausdruck „Zwerch" stammt vom althochdeutschen „twerh" ab, was so viel bedeutet wie „quer". Und dies ist schon ziemlich zutreffend, denn dieses „Fell" ist eine quer durch den Körper gespannte Muskelplatte und scheidet den Brust- vom Bauchraum. Das Ganze hat die Form einer Kuppel, die ja für eine besonders stabile Bauweise steht. Denn unser Zwerchfell muss eine Menge aushalten. Schließlich ist es der Untergrund für Herz und Lunge und bildet gleichzeitig das Dach für die Bauchorgane. Zudem hängen noch Leber, Magen und Milz an der Konstruktion. Befestigt ist das Ganze mit Sehnen an Wirbeln und Brustkorb. Beeindruckend nicht? Zumal Sie sich vorher bestimmt noch nie Gedanken über Ihr Zwerchfell gemacht haben. Stimmt doch, oder? Dann wird es aber höchste Zeit, denn ist dieser Quermuskel gelähmt, führt dies unweigerlich zum Ersticken. Auf eine Formel gebracht: Ohne Zwerchfell keine Atmung. Denn es steuert Ein- und Ausatmung. Dabei geschieht folgendes: Wenn wir Einatmen zieht sich das Zwerchfell zusammen, dadurch senkt sich die Kuppel und gleichzeitig vergrößert sich der Umfang des Brustraums. Beim Ausatmen wölbt sich die Kuppel wieder und verkleinert den Brustraum. Außer dass er vor dem Erstickungstod bewahrt, hat dieser Vorgang noch einen tollen Nebeneffekt: Alle inneren Organe, die mit dem Zwerchfell verbunden sind, werden massiert. Klasse nicht? Und das alles ohne Rezept vom Hausarzt.
Das Zwerchfelltraining ist also einerseits Gesundheitsvorsorge, andererseits erweitert es die Klangräume unseres Körpers. Denn Stimme braucht Platz, um sich zu entfalten. Wer seiner Stimme nur den Kopf als Klangkörper anbietet, wird eine entsprechend piepsige und hohe Stimme haben. Wer aber aus vollem Bauch lachen kann, dessen Stimme ist tief und voller Resonanz.
Die Stimme ist ein Klang, den die Stimmlippen des Kehlkopfs durch ihre Schwingungen erzeugen. Dies passiert beim Übergang zwischen Ein- und Ausatmung. Dabei pflanzen sich die entstandenen Wellen in die oberhalb und unterhalb der Stimmritze gelegenen Resonanzräume fort. Bei der Bruststimme schwingen die Stimmlippen in vollem Umfang, bei der Kopfstimme nur an ihren inneren Rändern.
Hier noch einige Infos zu Atem und Stimme:
Richtwerte für die normale Atemfrequenz, jeweils im Ruhezustand, sind bei Neugeborenen 40 Atemzüge/Minute, bei 20-Jährigen 20 Atemzüge/Minute und bei 30-Jährigen 16 Atemzüge/Minute.
In die Lunge passen so etwa 6 bis 8 Liter Luft hinein, je nach Größe des Brustkorbs. Ganz leerpumpen können wir unsere Lunge allerdings nie, etwa 1,2 Liter bleibt immer drin.
Der Spielraum der menschlichen Stimme reicht vom Ton E = 82,4 Hertz bis zum Ton f 3 = 1397 Hertz.
Natürlich ist der Atemvorgang und die Stimmerzeugung etwas komplizierter, als hier geschildert. Wer Nachfragen dazu hat, frage einfach seinen Arzt oder Apotheker oder schlage im Lexikon nach. Hauptsache, es ist klar geworden, dass das Zwerchfell ganz besonderer Aufmerksamkeit bedarf. Schließlich kann bei intensivem Training desselben auch ein Zwerg, wie ein Riese klingen. Diese Regel gilt aber nur für Erwachsene. Denn

beim Baby funktioniert das Zwerchfell in der Regel tadellos. Das können Sie sogar testen. Versuchen Sie einmal, gegen das Hungerbrüllen eines Babys anzuschreien. Sie werden sich wundern, wer der Sieger ist.

Merke:
Wer sein Zwerchfell trainiert lebt gesünder und stimmreicher.

Nun aber weg mit aller Theorie und rein ins Zwerchfell-Trainingsprogramm.

7. Vom Sinn des Hüftpolsters: Die Ballonatmung

Wer wollte als Kind nicht einen großen, roten Ballon haben? Prall gefüllt sollte er sein und kugelrund. Am besten noch an einer Schnur befestigt, damit man ihm am Handgelenk tanzen lassen konnte. Jetzt aber das Allerbeste: Wir brauchen nicht mehr darauf zu warten, dass uns jemand solch einen Ballon schenkt, oder wir ihn selbst auf irgendeiner Kirmes ergattern. Denn wir tragen ihn die ganze Zeit mit uns. Was? Das glauben Sie nicht? Dann atmen Sie einfach einmal tief ein. Nein, nicht in den Brustkorb. Viel tiefer, bis zu den Hüften soll der Atem gehen. Stellen Sie sich einfach vor, ihr Bauch füllt sich mit Luft, mehr und mehr. Jeder zu Verfügung stehender Raum wird dafür ausgenutzt. Jeder Winkel, jedes Eckchen, jede Körperfalte füllt sich unter dem einströmenden Atem, wie ein Luftballon, der von einer schlaffen Hülle zu einem glänzenden, leuchtenden Kinderspielzeug mutiert. Was diese Albernheit soll? Oh, ihr ernsten Erwachsenen. Die Ballonübung soll uns zeigen, wie viel Atem wir zur Verfügung haben, wenn wir nur alle möglichen Körperräume dafür einsetzen. Und kann sich der Atem entfalten, kann auch die Stimme diese Räume zur Resonanz nuten. Sie wollten doch schon immer einmal einen tiefen und vollen Stimmklang erreichen. Oder täusche ich mich da?

Merke:
Die tiefe Atmung der Ballonübung führt nicht nur zurück in unbeschwerte Kindertage, sondern auch in eine klangvolle Zukunft.

8. Wampe willkommen: Die Bauchatmung

Hier wird Bauch gezeigt, meine Damen und Herren. Nur keine falsche Scham an den Tag legen. Wir sind hier weder im Bodybuildingstudio noch auf dem Laufsteg.
Ertappt? Haben Sie schon bedenklich an sich herunter geschaut und die Wölbung unterm T-Shirt betrachtet? Einfach ignorieren. Dieser Bauch ist Ihr Kapital!! Also zeigen Sie, was Sie haben!!
Nur, wenn Sie meinen, je größer der Wanst, desto größer auch der Atemraum, sind Sie leider schief gewickelt.

Merke:
Der Raum, dem Sie Ihrer Atmung zur Verfügung stellen ist Ihr Kapital.

9. David gegen Goliath - Der Griff in die Seite

Ihr Gewicht schätzte ich auf etwa fünfzig Kilo. Klein und zierlich saß sie auf ihrem Hocker. Plötzlich fiel ein riesiger Schatten über sie und verdunkelte die kleine, zierliche Gestalt. Er mochte gut das Dreifache ihres Lebensgewichts auf die Waage bringen. Als sich seine Pranken um ihre schmalen Hüften legten, schien sie verloren. Doch sie atmete tief und entspannt ein, stellte sich einfach vor, dass ein großer, roter Ballon Luft ansaugte und ihr Atem sie bis auf den letzten Winkel ausfüllte.
Doch noch gab er nicht auf. Mit aller Kraft drückte er in ihre Flanken, seine Daumen, in Richtung der Wirbelsäule zeigend, zitterten vor Anstrengung. Seine Fingerspitzen rutschten auf ihren Bauchnabel zu. Und endlich kam der Moment, in dem er sich geschlagen geben musste. Als er hinter ihrem Hocker keuchend auf die Knie fiel, stand sie locker und beschwingt auf und drehte ihm statt ihres Rückens ihr lächelndes Gesicht zu.
„Wie hast Du das gemacht?", stöhnte er. Doch sie schaute nur auf sein verstörtes Gesicht herunter und flötete ihm entgegen: „Tiefatmung, mein Lieber. Einfach Tiefatmung."
Haben Sie gut aufgepasst? Dann wissen Sie nach dieser kleinen Geschichte ganz genau, wie die Übung geht und was sie bewirkt. Oder lesen Sie die Episode noch mal, greifen sich dabei einen Hocker oder einen mit der Lehne nach vorn zeigenden Küchenstuhl, zusätzlich einen dahinterstehenden Partner oder Partnerin und legen unbeirrt los. Die Übung können Sie natürlich auch alleine durchführen. Setzen Sie sich, wie beschrieben, auf einen Küchenstuhl. Dann greifen Sie, die Daumen in Richtung Wirbelsäule zeigend, mit aller Kraft in ihre Seite, etwas oberhalb des Blinddarms. Atmen Sie tief und denken Sie an den Ballon. Alles Weitere wird sich finden.

Merke:

Durch Tiefatmung werden Sie zum Riesen-Redner.

10. Vom Büromenschen zum Yogi

Wer Yoga praktiziert muss nicht unbedingt Gummiknochen haben, oder sich mit der großen Zehe den Nacken kraulen können. Schließlich gibt es zwei Formen des Yoga: Die eher meditative Form und dann das Bewegungs-Yoga. Da wir alle jung und sportlich sind, uns nach den Atemübungen aber auf jeden Fall so fühlen werden, hier nun eine Übung aus dem Bewegungs-Yoga „Das Blatt". Ich nehme an, der Name kommt daher, dass ein Blatt sich zusammen zieht, wenn es ihm an Licht oder Nässe mangelt. Auch wir werden uns bei dieser Übung zusammenrollen und Reserven sammeln. Dazu ziehen Sie am besten Ihre feinen Bürotreterchen aus. Ich nehme an, die Arbeitsschuhe für die Baustelle haben Sie sowieso vor der Tür stehen lassen. Knien Sie sich nun auf den Teppich zu Ihren Füßen. Beugen Sie den Oberkörper nach vorn und legen die Stirn vor Ihren Knien auf den Teppich. Sinken Sie ganz zusammen, wie in der Embryonalstellung. Die Handrücken legen Sie seitlich neben den Unterschenkeln ab. Die Handflächen zeigen dabei zur Wohnzimmerdecke. Bleiben Sie einige Minuten in dieser Haltung, es sei denn, es wird Ihnen unangenehm.
Probieren Sie die Stellung immer wieder einmal und verlängern allmählich die Phasen. Atmen Sie dabei sanft und tief. Spüren Sie wohin die Atmung fließt? Im Idealfall in den Bereich der Nieren, also rechts und links zum unteren Ende des Rückgrats. Und genau diese Regionen soll „Das Blatt" erschließen. Auf dieser Tiefatmung basiert der Großteil der Atem- und Stimmtechniken. Außerdem ist es eine Übung, die Ruhe und Erholung vermittelt. Lassen Sie sich einfangen vom Gefühl der Wohligkeit und des Behütetseins, wie in Mutters Schoß.

Merke:
Yoga erschließt Atemräume.

11. Eine Blume nur für Dich

Suchen Sie sich eine entspannte Sitzposition - Sessel, Schaukelstuhl, Sofa. Atmen Sie durch die Nase ein und langsam wieder aus. Finden Sie Ihren Atemrhythmus. Sagen Sie sich folgendes, ruhig und gelassen, im Takt Ihrer Ein- und Ausatmung: „Mein Atem bewegt mich. Ich schließe die Augen und stell mir vor, an meiner Lieblingsblume zu riechen. Ich lasse ihren Duft in mich hineinströmen. Ich spüre ihrem Aroma nach, lasse es auf der Zunge zergehen und meinen Gaumen schmeicheln. Ich spüre ihre liebliche Wirkung in allen Poren. Ich lasse mich von ihrem Duft im Rhythmus meines Atems bewegen. Ich lasse die Blume für mich atmen, versenke mich ganz in sie. Ich lasse mich von ihrem Duft streichelnd und schmeichelnd erobern. Ich bin vollkommen ruhig, ich atme und genieße."

Merke:
Lassen Sie sich atmen.

12. Nicht nur zur Weihnachtszeit: Die Kerzenatmung

Zur Weihnachtszeit gehören Kerzen. Meist verbinden wir Gefühle von Gemütlichkeit und Besinnlichkeit mit ihnen. Damit Sie dies während des ganzen Jahres empfinden können, nun folgende Übung:
Atmen Sie sanft und zart durch die Nase ein, dann durch leicht gespitzte Lippen wieder nach außen pusten, in Richtung Kerze. Sowohl Ein- als auch Ausatmung soll ganz leicht geschehen, als würde sich eine Feder im Wind bewegen. Entwickeln Sie auf keinen Fall den Ehrgeiz, sie ausblasen zu wollen. Die Flamme soll sich nur ganz leicht unter dem Luftstrom biegen und krümmen.
Atmen Sie tief in den Unterbauch, schauen Sie auf die Flamme, spielen Sie mit ihr, streicheln Sie den Flammenrücken mit dem Hauch der Ausatmung. Sehen Sie, wie die Flamme den Luftstrom genießt, sich ihm entgegenstreckt und wieder in der Kerze versinkt? Genießen Sie diesen Augenblick, entdecken Sie darin einen Moment der Ruhe und des Innehaltens. Lassen Sie das Licht der Kerze in sich hineinströmen und vergessen Sie alle dunklen Gedanken von Stress und Hektik.
Legen Sie nun Ihre Hände in die Seiten. Die Daumen zeigen in Richtung Wirbelsäule, die Fingerspitzen zum Bauchnabel. Atmen Sie gegen den leichten Druck Ihrer Hände und intensivieren Sie die Atmung. Sie werden sehen, die Flamme freut sich über diese neue Herausforderung und biegt und streckt sich unter dem frisch aufkommenden Wind.
Was bringt nun diese wunderschöne Übung?
1. Sie verstärken Ihre Tiefatmung.
2. Sie gönnen sich einen Moment der Stille und Besinnung.
3. Sie werden sich danach erfrischt und entspannt fühlen.
4. Je öfter Sie diese kleine „Kerzenmeditation“ üben, umso mehr werden Sie sie zu schätzen wissen.
5. Sie werden der Star sein, wenn es darum geht, die Masse der Wachslichter auf Ihrer Geburtstagstorte auszublasen.

Am Anfang kann es allerdings vorkommen, dass sich die Flamme absolut nicht bewegen will. Nicht verzagen. Einfach ruhig und entspannt durchatmen. Lassen Sie die Atmung geschehen. Gehen Sie auf keinen Fall mit Kopf und oder Ehrgeiz an die Sache. Die Atmung wird sich die Flamme im Lauf der Zeit schon suchen.
Sie werden sehen, Sie werden von dieser Übung „Feuer und Flamme“ sein.

Merke:
Das Licht der Kerze im Strom der Atmung lässt Hektik und Stress vergessen.

13. Watt´ ist denn nun los?

Genauso, wie die „Kerzenübung“, will das „Wattebauschblasen“ Ihr Gefühl für Atmung verbessern und ungeahnte Atemreserven erschließen. Tappen Sie also zunächst ins Badezimmer und besorgen sich einen Wattebausch. Dann gehen Sie in die Küche, räumen alle unnötigen Dinger, einschließlich der Decke, vom Esstisch und platzieren Sie den Bausch in der Mitte der glatten Fläche. Sodann hocken Sie sich auf einen der Stühle, legen die Handflächen auf die blanke Platte, stützen Ihr Kinn darauf und visieren Ihren flauschigen Kontrahenten mit „überlegenem“ Blick an. Dann atmen Sie tief ein und pusten Ihren Gegner in einem Stoß von der Tischplatte. Wie? Der hartnäckige Kerl von einem Wattebausch hat sich nur ein paar Zentimeter von der Stelle bewegt? Tja, da ist wohl etwas schief gelaufen. Also, der zweite Versuch. Nur, dass Sie diesmal nicht in die Brust atmen, sondern in die Hüftregion. Sehen Sie, so geht es gleich viel besser. Zur Belohnung dürfen Sie jetzt aufstehen und den Wattebausch vom Boden aufheben. Und dann natürlich das Ganze noch einmal von vorne.

Merke:
Das Üben mit dem Wattebausch führt zur Tiefatmung.

14. Nichtraucher werden in einer Zigarettenlänge

Viele Menschen rauchen, um sich einen Moment Abstand und Erholung zu verschaffen. Schauen Sie doch mal genau hin, wenn der Kollege wieder mal zur Fluppe greift. Oder, wenn Sie selbst noch dem Laster frönen, beobachten Sie sich selbst, wie Sie die Kippe zwischen die Lippen nehmen, den Stängel anzünden und einen tiefen Zug in ihre Lungen blasen. Bei vielen ist auf einmal keine Spur mehr von Brustatmung. Das ist tiefste Bauchatmung, Genuss pur, Suchtbefriedigung in höchstem Maße. Und wenn Sie nun ihr Tabakröllchen in den Ascher drücken, sich gerade hinstellen und tief einatmen, wie beim Lungenzug eben - genau, dann haben sie schon eine gute Vorstellung davon, wo wir mit unseren Atemübungen hinwollen und was sie bewirken können. Übrigens, ganz ohne Geld in einen Automaten stecken zu müssen oder sich die Gesundheit zu verderben.

Merke:
Statt Zigaretten qualmen, tief Luft holen und erholen.

15. Petrus´ Rezept gegen zu volle Terminkalender

Was ist, wenn Du jetzt umfällst und mausetot bist? Dann empfängt Dich Petrus an der Himmelspforte und fragt: „Was hast Du als letztes gemacht?“ Dann antwortest Du: „Ich habe versucht, unbedingt noch einen Termin dazwischen zu schieben.“ Was meinst Du, wird Petrus Dir antworten? - Ganz einfach: „Du, Dummkopf. Und deshalb holst Du mich aus dem Mittagsschlaf?“
Und mit dieser Geschichte geht es frisch motiviert in die folgenden Kapitel, die sich insbesondere der Entspannung widmen.

Merke:
Kein Termin ist so wichtig, dass er einen Herzinfarkt wert ist.

16. Entspannung braucht Haltung

Ganz klar: Ich bin am entspanntesten, wenn ich mich auf einer Matratze oder sonstigen weichen und warmen Unterlage lang ausstrecken kann. Meist stößt diese Körperhaltung am Arbeitsplatz aber auf wenig Verständnis. Wieso eigentlich? Der Mitarbeiter ist nach einem kurzen Nickerchen doch wieder viel fitter? Dennoch soll es mittlerweile einige Firmen geben, die für ihre Angestellten Ruheräume einrichten. Für alle die, die noch nicht das Glück haben, in einer dieser fortschrittlichen Firmen zu arbeiten, nun die Alternativen: Zuerst schlage ich die sogenannte „Droschkenkutscherhaltung“ vor, bekannt aus dem Autogenen Training. Ihr Vorteil ist, dass sie sich nicht nur im Büro anwenden lässt, sondern auch im Auto, auf dem Rastplatz, quasi überall, wo eine Sitzgelegenheit verfügbar ist. Während der Fahrt sollte man allerdings keine Experimente machen. Das kann ein böses Erwachen geben.

Zu der Zeit als die Droschke noch das allgemein übliche Taxi war, nutzten die Chauffeure ihre Fahrpausen, um sich ein wenig zu erholen. Für den Fall allerdings, dass ein Kunde gekommen wäre, blieben sie auf ihren Kutschböcken. Sie stützten einfach die Ellenbogen auf die Oberschenkel und sanken mit dem Oberkörper leicht nach vorne. Mit der Zeit kippte dann auch das Kinn auf die Brust und die Augen schlossen sich. So verharrten sie, bis entweder das gestaute Blut in den Fingerspitzen kribbelte, oder der nächste Fahrgast sie weckte. Jedenfalls fühlten sie sich schon nach kurzen Momenten der Pause, die sie in dieser Körperhaltung verbrachten, erholter. Vielleicht lag es daran, dass sie zudem noch die Hüftatmung verinnerlicht hatten. Denn damals hatte so manches noch „einen langen Atem“.

Nehmen Sie einfach die Körperhaltung ein, mit der Sie auch bisher gute Entspannungserfahrungen gemacht haben. Eine Anmerkung noch zur liegenden Position: Wenn Sie aus der Rückenlage wieder hoch kommen, dann tun Sie dies nach Möglichkeit, indem sie sich auf die Seite rollen, langsam hochstemmen und sodann seitwärts aufstehen. Denn wer mit einem Ruck den Kopf nach oben schießt und aus dem Bett springt, dem kann der Kreislauf in die Beine gehen. Ein Prinzip zur Verinnerlichung: Wenn sich Körper und Geist entspannt haben, sollte eine Phase der Anspannung folgen. Denn sonst ist man garantiert unterspannt. Spannend, nicht? (Näheres dazu finden Sie unter Kapitel 21. Die Wohfühlspannung.)

Merke:
Eine entsprechende Körperhaltung fördert die Entspannung.

17. Der kleine Pausenschlaf

Haben Sie nicht auch manchmal das Gefühl, dass der Kopf platzen will und die Gedanken auf der Stelle kreisen? Höchste Zeit, eine Pause einzulegen, ein kleines Nickerchen zu machen. Dafür haben Sie keine Zeit? Für die folgende Übung sollte jeder Zeit haben und wenn nicht wird es Zeit, etwas am Lebensrhythmus zu ändern.

Setzen Sie sich einfach entspannt hin oder legen Sie sich auf eine weiche Unterlage. Schließen Sie die Augen und stellen sich vor, ihre Umgebung ist angenehm warm und

hell. Atmen Sie sanft und zart, als würde der Duft Ihrer Lieblingsblume in die Atemwege strömen. Genießen Sie diesen Moment der Ruhe und Entspannung. Dann atmen Sie sanft ein und mit weich strömender Ausatmung zählen Sie „Eins". Dann zart einatmen, ausatmen und „Eins, Zwei" zählen. Einatmen, ausatmen und „Eins, Zwei, Drei" zählen. Setzen Sie die Zählreihe so lange fort, bis Sie bei „Zehn" angelangt sind. Sagen Sie sich zum Schluss der Übung: „Ich bin ruhig und entspannt und tue mir etwas Gutes."
Genießen Sie dieses Gefühl noch eine Weile. Dann atmen Sie tief ein, spannen Hände und Füße an und lassen mit der Ausatmung wieder los. Dann noch einmal tief einatmen, Hände und Füße anspannen, ausatmen, loslassen. - Sie sind wieder voll da.
Fühlen Sie sich deutlich erholt? Dann denken Sie daran: Eine kurze Pause bringt Zeit, sie kostet sie nicht.
Noch ein kleiner Tipp: Da ich, wie viele Menschen, oft mit zu trockenen Nasenschleimhäuten zu kämpfen habe, finde ich es erholsam, bei dieser Übung durch die Nase einzuatmen und durch leicht gespitzte Lippen wieder nach außen. Mit der Zeit löst sich der Nasenschleim und fließt ab.

Merke:
Genießen Sie Ihre Ein- und Ausatmung und nehmen Sie sich Zeit zum Erholen.

18. Alternativurlaub

Wir stellen uns zwei Kugeln vor, sensibel und wohlfühlend. Mit ihnen erforschen wir unseren Körper. Die Kugeln starten im Körperinnern, in Höhe der Augenpartie und rollen die Stirn hinauf. Es bleibt ein leichtes, angenehmes Kribbeln, als hätte ganz plötzlich irgendetwas unsere Durchblutung angeregt. Spüren Sie es? Die Kugeln wandern nun an der Rundung der Kopfdecke entlang bis zur Wölbung des Hinterkopfes. Dann den Hinterkopf hinunter bis zur Nackenpartie. Dort kreisen die Kugeln und spüren auf, was festsitzt. Sie lockern es durch ein kreisendes, sanft massierendes Rollen. Danach geht es weiter zu den Schulterenden und von dort aus zu den Oberarmen, langsam die Unterarme hinunter, bis zu den Handflächen. Dort kreisen die Kugeln wieder und hinterlassen strömende Wärme. Von dort aus rollen die Kugeln zu den kleinen Fingern. Danach zu den Ringfingern, gefolgt von den Mittelfingern, Zeigefingern und Daumen. Dort angekommen bewegen sich die Kugeln wieder zurück zu den Handflächen. Die sind angenehm warm, wie an einen Heizkörper angelegt. Sodann rollen die Kugeln wieder die Arme hinauf zu den Schulterenden. Nun geht es die Schultern entlang, bis zum oberen Ende der Wirbelsäule. Von dort wandern die Kugeln tastend und leicht kribbelnd die Wirbel umspielend, Wirbel für Wirbel das Rückgrat hinunter -- bis zum Steißbein. Dort angelangt bewegen sich die Kugeln an der Rundung des Beckens entlang, durchkreisen den Beckenraum, spüren auf, was festsitzt und lockern es durch ihr rollendes Massieren. Magen, Darm und Genitalien spüren das leichte Kribbeln und genießen es. Sodann geht es weiter zu den Oberschenkeln, die Unterschenkel hinunter, bis zu den Füßen. Dort kreisen die Kugeln und massieren, sanft knetend, die Fußsohlen. Fühlen sich die Sohlen gut durchblutet und entspannt an, rollen die Kugeln zu den kleinen Zehen und von dort aus, Zeh für Zeh bis zu den großen. Haben sie diese Route hinter sich gebracht, geht es zurück zu den Fußsohlen. Die sind

strömend warm, wie an eine Heizung angelegt. Die Kugeln wandern nun wieder die Beine hoch, Unterschenkel, Oberschenkel, bis zum Gürtel. Von dort aus rollen sie zum Bauchnabel und treffen sich dort. Von dort wandern sie gemeinsam die Bauchdecke hinauf, bis zum unteren Brustbein. Dort bilden sie einen ruhenden Pol und durchstrahlen das gesamte Nervennetz mit ihrer beruhigenden Wärme. Fühlt sich der Körper warm, schwer und zufrieden an, tasten sich die Kugeln das Brustbein hinauf, von dort aus, durch den Hals und am unteren Gaumen entlang. Ist dies geschehen, bewegen sie sich über die Zunge, die liegt warm und schwer in ihrem Bett, am oberen Gaumen entlang. Von dort geht es weiter bis zur Nase und zu den Atemwegen. Dort kreisen die Kugeln wieder, spüren auf, was festsitzt und lösen es, indem sie ein leichtes, wohltuendes Kribbeln hinterlassen. Zum Abschluss der Reise durch den Körper geht es zurück zur Augenpartie und die Kugeln lösen sich ins Nichts auf. Auch die Augen fühlen sich nun feucht und gelöst an. Ruhe und Entspannung durchströmt den Körper. An der Stirn weht ein kühler Hauch vorbei und nimmt alle störenden Gedanken mit sich fort in die Weite des Windes.
Atmen Sie sanft und tief, genießen Sie die Ruhe und Entspannung. Begeben Sie sich nun in Ihrer Phantasie an einen Ort, an dem Sie sich wohl und geborgen fühlen. Schauen Sie sich dort um und lassen sich dann nieder. Lassen Sie die inneren Bilder und ihre Atmosphäre auf sich wirken. Genießen Sie diese Zeit nur für sich.

Bringt es denn nicht mehr, direkt in Urlaub zu fahren, anstatt mit den Kugeln auf Reise zu gehen? mögen Sie jetzt fragen. Natürlich bringt das mehr, unter Palmen am Strand zu sitzen! Aber wie oft im Jahr können Sie sich das leisten? Mit den Kugeln können Sie jeden Tag in Urlaub fahren und sich die Palmen und das Meeresrauschen ins Gedächtnis rufen und dies, ohne einen Cent aus der Urlaubskasse nehmen zu müssen.
Als Ihr Reiseveranstalter kann ich Ihnen diese Phantasiereise nur empfehlen. Dabei kann sie sogar noch einiges mehr bewirken, als nur den Geldbeutel zu schonen. So fördert sie die Durchblutung, hebt das Körperbewusstsein, dient der Entspannung und hilft beim Lösen von Verkrampfungen. Denn die Kugeln spüren jedes noch so kleine Ziehen und Stechen auf. Durch ihr Rollen und Massieren bringen sie die Durchblutung der verkrampften Körperteile in Schwung und helfen, dass der Krampf sich löst. Aber auch Kopfschmerzen lassen sich nach diesem Prinzip leichter ertragen oder sogar umgehen.
Es lohnt sich also, die Kugeln als Spürhunde durch den Körper einzusetzen und ihren heilsamen Kräften zu vertrauen.

Merke:
Die Kugeln helfen, den Körper zu entdecken. Die Konzentration auf bestimmte Körperregionen führt zu besserer Durchblutung und zum Lösen von Verkrampfungen.

19. Mühsames Treppensteigen ist out: Die Rolltreppe

Einkaufsbummel gefällig? Oder gehören Sie zu den Menschen, die ein Kaufhaus am liebsten von außen sehen? Wie auch immer, eins haben die Kaufhäuser, zumindest die großen, gemeinsam - Rolltreppen. Ist doch ein tolles Gefühl, einfach auf ein Laufband zu steigen und sanft in die Höhe, oder nach unten, zu gleiten. Und genau darum geht es

in der folgenden Übung. Nur, dass wir damit keinen Einkaufsfreuden entgegen streben, sondern der Entspannung.
Nun aber zu unserer Übung. Setzen Sie sich entspannt auf einen Stuhl, oder noch besser, legen Sie sich auf eine weiche Unterlage. Schließen Sie die Augen und stellen Sie sich eine warme und helle Umgebung vor. Sie atmen weich, gelöst, entspannt. Dann suggerieren Sie sich folgendes Phantasiebild: Sie stehen oberhalb einer dieser rollenden, technischen Errungenschaften. Sie machen einen Schritt auf die sanft rollende Stufe vor Ihnen und lassen sich behutsam in die Tiefe transportieren. Sie stehen fest und sicher auf ihrer Stufe und gleiten Stück für Stück in die Tiefe. Dabei zählen sie ruhig, im sanften Strom der Ausatmung, von zehn bis eins hinunter. Lassen Sie sich auf keinen Fall hetzen. Wird die Luft knapp, atmen Sie sanft ein und wieder langsam aus. Die Rolltreppe gleitet dabei im Rhythmus des Atems weiter in die Tiefe. Bei „Eins" angekommen, machen Sie einen Schritt nach vorne, natürlich nur bildlich", und befinden sich auf dem ersten Absatz der von Ihnen gewünschten Entspannung. Atmen Sie entspannt und gelöst weiter, getragen vom Rhythmus Ihres Atems. Genießen Sie die Ruhe, die Sie durchflutet und die Zeit, die nur für Sie da ist. Wollen Sie noch eine Etappe weiter kommen in Ihrer Entspannung, stellen Sie sich einfach die nächste Rolltreppe vor und beginnen das soeben Geschilderte noch einmal von vorne. Genießen Sie dieses Gefühl noch eine Weile. Dann atmen Sie tief ein, spannen Hände und Füße an und lassen mit der Ausatmung wieder los. Dann noch einmal tief einatmen, Hände und Füße anspannen, ausatmen, loslassen. - Sie sind wieder voll da.
Nach meiner Erfahrung ist „Die Rolltreppe" eine leicht erlernbare und doch wirksame Entspannungsübung. Sie lässt sich fast überall ausüben und führt unmittelbar zur Ruhe.

Merke:
Lassen Sie sich vom Rhythmus Ihres Atems in die Tiefe von Ruhe und Entspannung führen.

20. Berufswunsch Oberkellner?

Wann haben Sie das letzte Mal einen randvollen Suppenteller zum Tisch balanciert? Das Paradoxe dabei ist, je mehr man sich darauf konzentriert, ja kein Tröpfchen zu vergießen und je vorsichtiger man dabei ist, um so sicherer fangen die Hände an zu zittern, oder es ist urplötzlich ein Stuhlbein im Weg. Und schon ist ein fetter Fleck Tomatenbrühe auf der blütenweißen Feiertagstischdecke gelandet. Ärgerlich.
Wenn Sie das nächste Mal essen gehen, achten Sie einmal darauf, mit welcher Eleganz und scheinbarer Leichtigkeit der Kellner die Schale dampfender Kraftspeise vor Ihnen platziert. „Der hat das ja schließlich auch gelernt", lautet Ihr schmollender Einwand? Genau. Und weil wir ja ehrgeizig sind, lernen wir das jetzt auch. Nur, dass wir keinen Teller Brühe vor uns her tragen, sondern eine Schale duftenden Rosenwassers. Aber weil auch von diesem duftenden Elixier nichts auf unserer Kleidung landen soll, stellen wir uns das Gefäß einfach vor und lassen das gute Geschirr im Schrank.
Stellen Sie sich ruhig hin. Die Atmung fließt sanft und zart. Schließen Sie die Augen, oder richten Sie den Blick leer in den Raum. Legen Sie Ihren rechten Handrücken in die linke Handfläche, wie zu einer Schale. Genießen Sie den Duft des Rosenwassers, das vor Ihrem Bauch in leichten Wellenbewegungen im Rhythmus Ihres Atems schwankt.

Stehen Sie da, die Schuhspitzen gerade noch vorne gerichtet, die Beine hüftbreit auseinander und lassen das Aroma des Duftwassers in sich hineinströmen. Lassen Sie sich ganz davon durchfluten. Wenn Sie möchten, können Sie auch durch den Raum gehen. Sie werden sehen, es schwappt nichts über. Allerdings empfiehlt es sich, die Augen offen zu halten. Stolperfallen lauern überall, auch wenn man keinen Suppenteller in der Hand hält.
Oberkellner werden Sie mit dieser Übung zwar nicht, aber sie vermittelt doch Grundlegendes, das auch in anderen Berufen gut zu gebrauchen ist. Dazu zählt Ruhe und Entspannung. Zudem trainiert es den Atemsitz und macht den Kopf frei. Alle stressigen Gedanken rutschen in die Körpermitte. Außerdem ist es eine gute Ergänzung zum „Baum“ (s.u.) und bereitet durch Standfestigkeit und Ruhe auf Redesituationen vor. Und wer fleißig übt, schafft es vielleicht sogar bei der nächsten Feier, seine Gäste zu bedienen, ohne Suppe zu verschütten.

Merke:
„Die Schale“ trainiert Standfestigkeit und bereitet auf Redesituationen vor.

21. Wohlfühlen durch Spannung

Fühlen Sie sich manchmal zwischen total schlapp und vollkommen überdreht? Dann wird es Zeit, auszuspannen, Erholung zu suchen, einfach mal wieder im Bett zu liegen und zu lesen, einen Spaziergang zu machen oder eine Runde Tennis zu spielen, es sich einfach mal wieder gut gehen lassen und etwas für sich selbst tun. Wissen Sie noch, wie es ist, sich richtig Wohlzufühlen, unbekümmert zu sein, voller Kraft und Zuversicht, eins mit sich und der Welt? Na, prima, denn dies Gefühl ist es, das wir auch zur Stimmentfaltung brauchen. Denn die Stimme ist der Gradmesser unserer inneren Beschaffenheit. Fühlen wir uns schlapp oder unterlegen, hängt auch die Stimme durch und bekommt einen wehleidigen Unterton. Kommen wir gar nicht mehr raus aus Stress und Anspannung, klingt die Stimme hart und brüchig. Das Problem ist nur, dass wir im Laufe eines Tages, mehrere Stimmungsphasen durchlaufen. Niemand ist immer gleich gut drauf. Da gibt es die morgendliche Schlappheit oder das Mittagstief, das Vormittagshoch und die Schaffenslaune. All dies wird von unserem Körper gesteuert. Für uns kommt es nun darauf an, die Stimmung wahr zu nehmen und ihr zu begegnen. Der Griff zur Kaffeetasse ist da leider genau die falsche Lösung. Denn dies putscht nur künstlich auf und lässt anschließend den Kreislauf in der Versenkung verschwinden. Viel besser ist es, auf Pausen zu achten und entsprechend zu gestalten. Also, anstatt an die Kaffeemaschine besser ans offene Fenster gehen und einige tiefe Atemzüge nehmen, oder Gähnen und ausgiebig strecken. Es bewähren sich aber auch „Autogenes Training“, oder die von mir vorgestellten Entspannungsübungen. Über den Spaziergang in der Mittagspause freut sich der Körper mehr, als über die Zeitungslektüre am Kantinentisch. Tun Sie sich und Ihrem Körper etwas Gutes und tun Sie es bewusst. Wartet nun noch ein Redeeinsatz auf Sie, hier einige Übungen, mit denen Sie gezielt an Ihrer Körperspannung arbeiten können.

1. Spannung durch den Körper leiten:

Stellen Sie sich breitbeinig in den Raum, die Beine hüftbreit auseinander, die Fußspitzen geradeaus zeigend. Stemmen Sie die Füße kräftig auf den Boden, dann spannen Sie ihre Beine an. Es folgt das Gesäß, der Rücken, die Schultern, der Nacken, der Kopf, zuletzt die Arme anspannen und die Fäuste ballen. Ziehen Sie auch das Gesicht zusammen, pressen die Lippen aufeinander, ziehen die Nase hoch und drücken die Zunge gegen den oberen Gaumen. Schneiden Sie sich selbst eine wunderschöne Grimasse. Nun das Wichtigste: Halten Sie diese Spannung durch den ganzen Körper, etwa fünf Sekunden. Aber stocken Sie auf keinen Fall den Atem! Atmen Sie weiterhin tief und sanft in Richtung Ihrer Körpermitte. Stellen Sie sich vor, in Höhe Ihrer Hüften würden Sie einen riesigen Ballon aufblasen, ganz entspannt, nur durch Ihre Ein- und Ausatmung. Sind die fünf Sekunden vorbei, lassen Sie mit der Ausatmung wieder los. Zuerst die Fäuste, dann Arme, Schultern, Nacken, Kopf, Rücken, Gesäß, Beine, Füße. Atmen sie ruhig und entspannt und schütteln dabei kräftig die Gliedmaße aus. Machen Sie dies ruhig zwei, drei Mal. Danach wird es Ihnen besser gehen. Diese Übung können Sie übrigens auch auf einem Bürostuhl vollziehen, besser aber im Stehen und falls Sie sonst keinen stillen Platz finden, kann es auch auf dem „Stillen Örtchen“ sein.

2. Die entschärfte Version:

Breitbeinig hinstellen, durchatmen. Genießen Sie dieses Gefühl eine Weile. Dann atmen Sie tief ein, spannen Hände und Füße an und lassen mit der Ausatmung wieder los. Dann noch einmal tief einatmen, Hände und Füße anspannen, ausatmen, loslassen. Der Spannung nachfühlen und Gliedmaßen ausschütteln.

3. Äpfel pflücken:

Ohne Fleiß kein Preis. Das gilt auch beim Apfelpflücken. Denn will man an die prallen, runden Früchte muss man sich ordentlich strecken. An den unteren Zweigen waren nämlich schon die Kinder und haben sich dort reichlich bedient. Also bleibt nur das Recken zu den höher gelegenen Obststücken. Grundvoraussetzung dabei ist es, einen sicheren Stand zu haben. Also stellen Sie sich gerade hin, die Füße schulterbreit auseinander und gerade nach vorne zeigend. Dann greifen Sie mit langgestreckten Armen nach oben. Die Fußsohlen bleiben dabei auf dem Boden. Also, keinen Spitzenstand vollführen, denn sonst verschieben sich die Bandscheiben. Auch der Kopf bleibt in der Waagerechten, sonst fällt Ihnen womöglich noch Blattwerk in die Augen. Und? Haben Sie schon den ersten Apfel zu greifen bekommen? Dann pflücken Sie doch gleich den Nächsten. Wenn der Obstkorb voll ist, lassen Sie einfach die Arme mit der Ausatmung nach unten sinken und schütteln sie kräftig aus. Die Früchte, die sie jetzt gesammelt haben, bringen ausnahmsweise keinen Vitaminstoß, aber Sie haben dafür Ihren Bandscheiben etwas Gutes getan und wieder Körperspannung aufgebaut. Ist das nicht genug Lohn der Mühe? Erweitern können Sie die Übungen, wenn Sie bei jedem

Hochgreifen durch die sanft aufeinandergelegten Lippen ein leichtes „F" ausströmen lassen.
Natürlich gilt auch hier wieder das Prinzip der Tiefatmung, ruhig und gleichmäßig.
Viel Spaß also bei der „Ernte".

4. Armdrücken:

Zur Abwechslung noch eine Anspannungsübung. - Hinstellen, wie gewohnt und tief Ein- und Ausatmen. Heben Sie die Ellenbogen auf Brusthöhe und drücken mit den Handflächen gegeneinander. Dies fünf Sekunden lang halten, schön durchatmen und dann wieder loslassen. Arme langsam absenken, ausschütteln und dann noch einmal von vorne, so lange, wie es Ihnen angenehm ist.

5. Kopfspannung:

Breitbeinig hinstellen, tief durchatmen. Die Hände hinter dem Kopf verschränken und mit leichtem Druck gegen den Hinterkopf drücken. Dies fünf Sekunden halten, loslassen, Arme ausschütteln und dann wieder von vorne beginnen. Die gleiche Übungsabfolge können Sie auch durchführen, indem Sie seitlich gegen den Kopf drücken.

Die wichtigste Übung aber nun ganz zum Schluss unseres Spannungsteils. Sie ist gar nicht kompliziert und sofort perfekt auszuführen. Sammeln Sie nun Ihre gesamte Konzentration und bereiten sich vor, auf die Übungen aller Übungen:

6. Gähnen:

Tun Sie es ausgiebig, unhöflich und mit weit aufgesperrtem Maul. Lassen Sie Ihre Plomben sehen und sich Abgründe auftauen. Geben Sie alles, was in Ihnen steckt und gääääääääääähnen Sie. Nehmen Sie die Arme in die Höhe, strecken Sie die Hände und die Fingerspitzen in die Luft, atmen Sie tiiiiieeeeeeef ein und aus vooooooollem Hals wieder nach außen. Merken Sie, wie gut das tut? Reißen Sie die Fenster auf, werfen Sie die Kaffeemaschine hinaus und lassen Sie sich durch die frische Luft durchpulsen. Jetzt kommt der Kreislauf in Schwung. Gehen Sie hin und her, oder wippen auf den Zehen. Werfen Sie die Müdigkeit aus den Knochen, schütteln Sie Arme und Beine.
Das tut gut, was? Übrigens, ich habe gerüchteweise gehört, dass in chinesischen Betrieben das Gähnen ausdrücklich erlaubt, ja sogar erwünscht sein soll.

Nachdem wir uns nun fit und munter gegääääääääääääähhhhhhhhhnt haben, geht's zurück an die
Arbeit. Nun steht auf dem Programm:

Merke:
Die Stimme ist der Gradmesser der Körperspannung.

22. Staubwischen: Die ideale Übung für alle Putzteufel

„Meine sehr verehrten Damen und Herren". Die Knöpfe seines frisch gewaschenen, weißen Hemdes hingen nur noch am „seidenen Faden", so wölbte sich sein Brustraum. Das Dekolleté der Rednerin schob sich fast bis zur Kinnspitze hoch. Luft raus lassen, mein Herr! Dampf ablassen meine Dame! Denn so haben Sie schon im zweiten Satz einen dicken Versprecher. Wie das nun schon wieder gekommen ist? Sie haben doch vorher extra vor dem Spiegel geübt. Tja, die Idee mit dem Spiegel, ganz nett, bringt aber nicht viel. Denn gerade am Anfang einer Rede sind wir in Versuchung, zu viel Atem zu holen. Damit stehen wir quasi unter Überdruck, kurz vorm Zerplatzen. Dabei brauchen wir gar nicht viel Luft, um über einen Satz zu kommen.
Fragen Sie lieber Ihren Stimm- und Atemtrainer und vertrauen Sie auf folgende Übung:

Wer wischt schon gerne Staub? Dennoch, bei der folgenden Übung führt kein Weg daran vorbei. Übungsanleitung: Stellen Sie sich hin, die Füße schulterbreit auseinander. Dann tun Sie so, als ob auf dem Ärmel Ihrer Jacke eine Staubfluse festsitzen würde. Wischen Sie ihn mit einer lockeren Bewegung aus dem Handgelenk beiseite. Spitzen Sie den Mund dabei und stoßen einen kurz angesetzten Atemimpuls nach außen. So, als wenn Sie der Fluse auf Ihrem Ärmel noch zusätzlich auf die Sprünge helfen könnten. Der Nachteil ist nur, dass der Staubfaden sehr hartnäckig ist und einfach nicht weichen will. Sie müssen immer wieder mit einer leichten Wischbewegung und einem stoßweise ausgeatmetem „F" nachhelfen. Legen Sie dabei die Hand auf den Bauchnabel und bei jedem „F" ziehen Sie die Bauchdecke mit einem kurzen Impuls nach innen. Dann wieder loslassen. Atmen Sie entspannt in den Bauch. Zeit lassen beim Luftholen und beim kurzen Ausatmen auf „F".
Was nützt nun die ganze Staubwischerei, wenn durch einen Griff zur Kleiderbürste die ganze Sache schon längst erledigt sein könnte? Zum einen nennt sich das Ganze „Abspannen" und ist angewandtes Zwerchfelltraining (s.o. „Das Zwerchfell") und damit die Grundlage der Atmung, die wir für den zweckgerichteten Stimmeinsatz benötigen. Und zum dritten ist die Übung äußerst hilfreich bei Schwierigkeiten mit den sogenannten „Zischlauten". Und denen widmen wir uns nun im folgenden Kapitel.

Merke:
Zwerchfelltraining und gezielte Atemimpulse helfen Schwierigkeiten mit den Zischlauten zu bewältigen.

23. „Ich will aber Lokomotivführer werden .... ."

Hier werden Kindheitsträume wahr. Wollten Sie nie Lokomotivführer werden? Ich schon und deshalb habe ich mir mit dieser Übung meinen Kindheitstraum erfüllt. Und das Beste daran ist, ich kann nicht nur Lokomotivführer sein, sondern auch Dampflok. Wie das geht? Einfach die Arme in Schulterhöhe nach vorne strecken und die Hände leicht zur Faust ballen. Mit der Ausatmung auf „sch" werden die Unterarme Richtung Schulter gezogen. Die Ellenbogen zeigen nun nach unten und die Fäuste liegen vorne an den Schultern an. Dann kurz einatmen, dabei wandern die Hände, mit ausgestreckten Armen, in den Raum hinein. Im Prinzip ist das schon alles. Sie müssen nur darauf achten, dass die Atmung weiterhin im Atemzentrum sitzt, also in den Bauch fließt. Bei der Einatmung bewegt sich die Bauchdecke nach innen und bei der Ausatmung? Gut geraten, da wird die Bauchdecke einfach wieder losgelassen und bewegt sich somit nach außen. Ist doch ganz einfach, nicht? Dann lassen wir die Dampflok mal losfahren. Auf „sch" fährt sie langsam vom Bahnsteig los. Das Gestänge der Räder, also die Arme, bewegen sich dabei im langsam anfahrenden Rhythmus des Dampfrosses. „Sch" – „sch" – „sch" – „sch".

Aus dem Bahnhof heraus, gelangt der Stahlkoloss auf freie Strecke. Die Stangen bewegen sich etwas schneller und auch unser „sch" – „sch" – „sch" – „sch" gewinnt an Fahrt. Der Lokführer freut sich, dass seine Maschine so gut läuft und darum legt er gleich noch etwas Holz aufs Feuer. Schon ist keine Spur mehr von Gemächlichkeit. Frei und beschwingt dampft die Lok übers flache Land und blankpolierte Schienenstränge „sch", „sch", „sch", „sch", „sch", „sch", „sch", „sch".

So geht es eine ganze Zeit durch Wiesen und Wälder bis: „Oh, je", stöhnt der Lokomotivführer, die erste Steigung kommt. Liebevoll klopft der Eisenbahner auf das blankgewienerte Führerhäuschen. „Jetzt wird es ernst für uns Beide." Noch einmal wirft er Holz auf die Kohlen und schon geht es in die Berge. Die alte Lok lässt ein kräftiges Schnaufen hören „Schschschschsch". Dann holt sie tief Luft und mit kurzem „sch, sch, sch, sch, sch, sch" geht es an die Steigung. Es folgt ein langanhaltendes „Schschschschsch" und viele kleine „sch, sch, sch, sch, sch". So lange bis die Lok ihren Rhythmus gefunden hat und schließlich die Bergkuppe erreicht. Dort macht sie eine Pause und tankt erst einmal Wasser nach.

„Das ist ja eine ganz nette Geschichte", sagen Sie, „Aber, was soll ich damit?" Und schon folgt die Antwort: Erst einmal, soll die Übung Spaß machen. Zweitens wird damit die Koordination von Bewegung und Atmung geübt. Und drittens ist dies ein prima Zwerchfelltraining. Jedenfalls so lange Sie nicht schummeln und immer schön in den Bauch atmen. Viertens ist es die Grundlage für eine zisch-, schmatz-, ploppfreie Aussprache. Und fünftens kommen Sie mit dieser Technik über jeden noch so verschachtelten Bandwurmsatz. Aber die vermeiden Sie ja hoffentlich sowieso in ihrer Schreibweise.

Um Ihre Fortschritte bei der „Dampflok" zu testen, nun noch eine kleine Erweiterung der Übung. Legen Sie eine Handfläche auf den Bauch. Lassen Sie ein „sch" entweichen und achten Sie darauf, ob die Bauchdecke sich dabei nach innen zieht. Wenn nicht, unterstützen Sie die Übung, indem Sie mit sanftem Druck der Handfläche ein wenig nachhelfen. Nur die Bauchmuskeln sollten nicht zur Hilfe genommen werden, denn schließlich wollen wir ja die Atmung trainieren und kein Bauchtraining absolvieren.

Merke:
Bewegung und Atmung müssen beim Sprecheinsatz eine Einheit sein.

24. Nuscheln adé: Die Zischlaute „f-s-ch-sch"

Lispeln, Nuscheln, Zischen, Schmatzen, Spucken, Prusten und Ploppen werden der Vergangenheit angehören. Was die „Dampflok" vorbereitete, kommt hier zu Vollendung. Denn gerade bei den sogenannten „Zischlauten" kommt schnell was in die Quere. Da hängt die Zunge noch am Gaumen. Die Lippen gehen nicht rechtzeitig auseinander, oder ein Luftströmchen piffelt am hohlen Zahn vorbei. Ursache ist meist, dass Zischlaute, wie „f-s-ch-sch" viel zu intensiv angesetzt werden. Besonders stark tritt dies zu Tage, wenn sich ein eingefleischter Dialektredner bemüht, Hochdeutsch zu reden. Die Folge ist, dass die Sprechwerkzeuge verkrampft sind und es sich anhört, als wäre das Gebiss verklemmt. Das können wir natürlich nicht hinnehmen. Darum nun ein probates Mittel gegen diesen Missstand:
Atmen Sie sanft und entspannt ein. Dann mit leicht aufeinander gelegten Lippen ein „f" ansetzen, so als würden Sie eine Fluse weghauchen. Die Bauchdecke zieht sich beim Aushauchen leicht nach innen. Atmen Sie nur so viel ein, dass es gerade langt, ein „f" anzusetzen. Die Bauchdecke füllt sich eine Winzigkeit und geht wieder nach außen. Hat sich dies ein wenig eingespielt, entsteht durch die Bewegung der Bauchdecke ein leichter Sog, durch den die Einatmung fast automatisch geschieht.
Haben Sie genug mit „f" geübt, machen Sie das gleiche mit „s", anschließend mit „ch" und „sch". Fühlen Sie sich darin sicher, setzen Sie die zischenden Konsonanten zu der Reihe „f-s-ch-sch" zusammen. Legen Sie eine Handfläche auf die Bauchdecke und beobachten Sie die ein- und ausgehende Impulsbewegung.
Es dürfte längst klar sein, dass es auch bei dieser Übung um angewandtes Zwerchfelltraining geht, eingesetzt zur Konsonantenbildung.
Natürlich lassen sich nach diesem System nicht nur Zischlaute trainieren, sondern auch „p-b-t", oder andere Buchstaben, mit deren Aussprache Sie Probleme haben.
Und noch etwas können Sie mit dem neu Erlernten ausprobieren: Holen Sie die oben beschriebene Winzigkeit Atem und sprechen Sie damit einen Satz, solange die Luft reicht. Beispielsweise könnte dies eine sinnige Begrüßung sein, wie: „Guten Tag, Frau Mayer. Schön, dass ich Sie treffe. Wir wollten uns doch schon seit langem einmal verabreden, um uns ein bisschen näher kennen zu lernen. Meinen Sie nicht auch, dass dies ein glücklicher Zufall ist?" - Und? Wie weit sind Sie gekommen? Auf jeden Fall so weit, dass Sie überhaupt keine Angst haben müssen, dass irgendein Satz zu lang für Sie sein könnte. Darum brauchen Sie am Anfang Ihrer Rede auch nie mehr als diese Winzigkeit Luft zu holen. Lassen Sie sich nicht beirren, im Laufe des Gesprochenen werden Sie Ihren Atemrhythmus finden. Der Fehler, dass Sie aussehen, wie ein aufs Trockene geworfener Fisch, wird Ihnen so auf jeden Fall nicht passieren.

Merke:
Mit dem richtigen Atemrhythmus ist kein Satz zu lang und kein Zischlaut zu schwer.

25. Frisch frisiert zum Redeauftritt

Sie würden doch nicht ungekämmt auf der Arbeit erscheinen, oder? Sehen Sie, genauso wichtig ist es, sich frisch „abgekämmt" auf das Rednerpult zu begeben. Dahinter verbirgt sich eine einfache Massagetechnik, die insbesondere die Gesichtsmuskeln lockern soll. Stehen Sie aufrecht, die Füße nach vorne zeigend, schulterbreit auseinander. Beginnen Sie mit der Massage zwischen den Augenbrauen oberhalb des Nasenrückens. Benutzen Sie dazu die Spitzen Ihrer beiden Ringfinger. Lassen Sie sie mit leichtem Druck über diesen Wohlfühlpunkt kreisen und genießen Sie die Entspannung. Atmen Sie tief und sanft, zaubern Sie dabei ein Lächeln auf Ihre Lippen. Dann streichen Sie mit den Fingerspitzen an den Augenbrauen entlang bis hin zu den Schläfen. Auch dort verweilen die Fingerspitzen wieder kreisend und massierend. Nehmen Sie dazu ruhig auch die anderen Fingerkuppen zur Hilfe. Dann weiten Sie die Übung aus: Die Finger streichen über Schläfenknochen und Wangen und „kämmen" schließlich den Unterkiefer Richtung Brustraum. Der Unterkiefer ist locker, wenn er von selbst nach unten fällt, sobald ihn die Fingerspitzen berühren. Aber dabei nicht pfuschen und den Mund wie ein Fisch auf und zu machen. Lassen Sie sich durch die Berührung der Fingerspitzen führen und genießen Sie die Entspannung. Machen Sie diese Übung, sobald Sie sich auf eine Redesituation vorbereiten. Aber auch einen anstrengenden Bürotag können Sie sich durch das „Abkämmen" erleichtern. Außerdem soll die Übung einen rosigen Teint verleihen. Bei so vielen Vorteilen könnte auch das „Abkämmen" schon bald zum festen Bestandteil Ihrer Morgentoilette werden.

Merke:
Lockern Sie Ihr Sprechwerkzeug.

26. Dicke Lippe riskieren

„Hörst du endlich auf, mit den Lippen immer so komische Töne zu machen!" Hat man Ihnen das auch gesagt, wenn Sie als Kind mit den Lippen blubberten? Nein? Sie wissen gar nicht mehr, was ich damit meine?
Will man das Geräusch eines Motors nachmachen, so wirft man die Maschine, beziehungsweise die Lippen, an, indem man mit dem Zeigefinger über die Lippen streift. Gleichzeitig entweicht ein leichter Luftstrom durch die sanft aufeinandergelegten Lippen. Im Idealfall beginnen nun die Lippen zu flattern und lassen ein propellerartiges Geräusch hören. Hat man dies einige Sekunden gemacht, beginnt unweigerlich die Nasenspitze zu kribbeln und bis hoch zur Stirn wandert das Gefühl eines leichten Vibrierens und Trommelns.
Was es bringt? Es ist eine prima Übung zur Entspannung und besseren Durchblutung der vorderen Gesichtspartie, insbesondere der Lippen. Denn viele Probleme bei der Aussprache kommen daher, dass die Lippen verkrampft sind. Wie aber sollen Buchstaben, Wörter und ganze Sätze geformt werden, wenn die vordere Mundpartie verkrampft ist? Ist doch einleuchtend, oder? Nur hat die ganze Sache nur einen Haken.

Ich treffe immer wieder auf Leute, die einfach nicht in der Lage sind, ihre Lippen flattern zu lassen. Das meinen sie jedenfalls in den Anfangsstunden unseres Trainings. Aber auch hierbei gilt: Nur Übung macht den Meister. Ich gehörte übrigens auch zu der Spezies, der diese Sache einfach nicht gelingen wollte. Nach immerwährendem Ausprobieren und Trainieren bin ich aber nun so weit, es in der Geräuschentfaltung mit einer kleineren Propellermaschine aufnehmen zu können.

Merke:
Verkrampfte Lippen können nur schwer Wörter formen, darum flattern lassen.

27. Das Rezept gegen Knoten in der Zunge

Weil nun das Lippenflattern so sinnvoll ist und außerdem noch gegen Nervenflattern hilft, probieren wir das Ganze auch gleich mit der Zunge. Wie das funktioniert, lassen Sie sich am besten von einem Schweizer oder Bayern zeigen. Denn die bilden seit Urzeiten das „R" mit der Zunge. Der Flachlandtiroler benutzt dagegen meist das Gaumenzäpfchen, um ein „R" zu formen. Uns aber geht es um das Schweizer „R", bzw. das Bayern „R". Denken Sie auch hier am besten wieder an einen Motor oder Propeller. Lassen Sie einen leichten Luftstrom über die Zunge hinweggehen und legen Sie die Zungenspitze nach oben in die mittlere Vertiefung des Gaumens. Die Zunge ist dabei leicht und locker, wie ein Blatt im Wind. Normalerweise müsste es jetzt klappen, dass die Zunge im schnellen Rhythmus gegen den Gaumen trommelt. Wenn nicht, kann wiederum eine Verspannung vorliegen. Gähnen Sie erst einmal ausgiebig und praktizieren danach das oben beschriebene „Abkämmen". Probieren Sie die Übung dann erneut, aber nie mit Gewalt. Wenn es auch jetzt noch nicht klappt, bleiben Sie trotzdem dabei. Irgendwann wird es schon gelingen. Und falls Sie meinen, Sie bräuchten die Übung nicht, dann schlage ich Ihnen folgendes Experiment vor. Machen Sie Ihre Zunge einmal bewusst steif, wie ein Brett. Dann versuchen Sie zu sprechen. Danach dürfte klar sein, welchen Effekt das Zungenflattern bewirkt. Ich praktiziere meine „Flatterübungen" besonders, wenn ich frühmorgens, oder im Mittagstief Redeeinsätze habe. Denn meist bin ich gerade zu diesen Zeiten mundfaul oder einfach nicht genügend in Form, um einen längeren Redeeinsatz entspannt zu überstehen. Dann heißt es: Gähnen, Abkämmen, Lippenflattern, Zungenflattern.

Merke:
Zungenflattern löst den Knoten in der Zunge.

28. Sich blöd vorkommen

„Zum Glück hört oder sieht mich jetzt keiner“, höre ich immer wieder von meinen Trainierenden, wenn sie sich die Übungen erarbeiten.
Seien Sie ehrlich, haben Sie beim Lesen dieses Buches nicht auch manchmal gedacht: „Was soll ich mit dem Kinderkram?“ Aber haben Sie schon einmal überlegt, dass Kinder aus vollem Herzen lachen, oder herzzerreißend weinen, aus Leibeskräften brüllen, Rotz und Wasser heulen und aus vollem Halse singen. Und wir Erwachsenen machen dazu: „Pschscht“ und ermahnen: „Sei nicht so laut! Benimm dich anständig!“, und vieles mehr. Dabei sind Kinder unmittelbar, spontan, gefühlsbetont, vieles von dem, was wir als Erwachsene verloren haben. Deshalb haben wir Kinder, trotz unserer Ermahnungen, ja so gerne, denn sie geben uns ein Stück unserer eigenen Kindheit zurück. Auch die Stimmübungen geben uns etwas von dem zurück, was wir längst verloren glaubten: Unbefangenheit zum Beispiel, Natürlichkeit und auch ein wenig Demut. Es erstaunt mich immer wieder, mit welchem Mut und mit welcher Selbstverständlichkeit einige Kinder im Grundschulalter bereit sind, vor ein Mikrofon zu treten und vor einer großen Menschenmasse zu reden. So erzählte mir ein kleiner Junge von seinen Träumen und zweihundert andere Kinder hörten andächtig lauschend zu. Oder ein neunjähriges Mädchen sprach von seinem Teddybär und zig kleine Finger schnellten hoch, weil auch die anderen ihr Lieblingsstofftier vorstellen wollten. Versuchen Sie ähnliches einmal mit Erwachsenen durchzuziehen. Sie werden erleben, wie mühselig solch ein Geschäft sein kann. Denn die haben Angst, sich zu blamieren und blöd vorzukommen. Kinder dagegen, sind einfach sie selbst. Wenn wir Erwachsenen uns blöd vorkommen, ist dies oftmals nur die Angst, die Kontrolle zu verlieren, ausgeliefert zu sein. Verstehen sie nun, wie viel uns Erwachsenen abhanden gekommen ist? Für uns zählt Leistung, angepasst sein, stark zu erscheinen, cool und gelassen, über den Dingen stehend. Sprich, der Kopfmensch ist gefragt. Aber gerade für die Stimmentfaltung und das damit verbundene Auftreten, brauchen wir unseren Bauch. Nicht nur als Klangkörper, sondern auch als Grundgefühl. Darum vertrauen sie Ihrem Gefühl, handeln Sie mal wieder aus dem Bauch heraus. Keine Bange, oftmals erscheinen die am blödesten, die auf keinen Fall so wirken wollen. Komisch, nicht?

Merke:
Haben Sie Mut, aus übertriebener Ernsthaftigkeit und Kopflastigkeit auszubrechen.

29. Wie weinende Kinder zu trösten sind

Aus Leibeskräften brüllend kommt Tina auf den Papa zugelaufen und klammert sich an seinem Hosenbein fest. Papa fühlt sein Bein nass werden, so stark quellen Tina die Tränen aus den Augen. „Ja, was hast Du denn? Was ist denn passiert?“, fragt der besorgte Vater. „Bin gefallt“, schluchzt die Kleine. „Es wird alles wieder gut.“ Papa streicht der Kleinen sanft und tröstend über den Kopf: „Oh, ooh, oooh“, brummt seine Stimme beruhigend im Gleichklang der Bewegung. Ganz tief unten in Papas Bauch sitzt der Ton und wird je länger er ihn wiederholt, immer tiefer. Tina schaut nach oben, woher dieses tiefschwingende Vibrieren kommt. Sie legt ihr Ohr an Papas Bauch und hört auf die Schwingungen. Langsam versiegen ihre Tränen, Leid und Kummer versinken im sonnigen Kindergemüt.
Eine Übung, die auf Kinder solch eine beruhigende Wirkung hat, bringt auch Erwachsenen eine ganze Menge. Besonders, wenn ihre Stimme die Neigung hat, immer wieder nach oben zu rutschen, hilft der „Kinderkopf“ weiter. Allerdings erfordert es regelmäßige Übung, damit die Stimme auch gedanklich nach unten rutscht.
Damit die Übung für Tina nicht zu beschwerlich wird, schließlich kann sie ja nicht jedes Mal absichtlich stolpern, wenn Sie den Kinderkopf üben wollen, lassen Sie sie am besten in Ruhe spielen. Aber in Ihrer Einbildung sollte Tina, oder ihre Tochter, oder das Nachbarskind, in Kniehöhe präsent sein. Streichen Sie im runden Bogen über den Kinderkopf und produzieren dabei immer wieder ein tiefes „Oooh“. Wichtig ist, dass Sie nicht in einen angesetzten Gesangston verfallen. Dies ist nicht Sinn der Übung. Der Ton soll statt dessen, ganz ohne Ansatz, frei aus Ihnen herausströmen. Es muss sich nicht gut oder kunstvoll anhören, sondern entspannt und mühelos. Lassen Sie sich von der tiefen Schwingung mitnehmen und genießen Sie die Entspannung.
Im Laufe der Zeit werden Sie merken, wie Ihre Stimme tiefer klingt und wie wohltuend dieser entspannte Ton wirkt. Auch Ihre Zuhörer werden den Klang Ihrer Stimme als voller und volumiger wahrnehmen. Und wenn Tina tatsächlich wieder einmal „gefallt“ sein sollte, wird sie für Papas neuen Stimmklang bestimmt sehr dankbar sein.

Merke:
Der „Kinderkopf“ bewirkt, dass die Stimme tiefer und entspannter klingt.

30. Der besondere Kick beim Fallschirmspringen

Erinnern Sie sich noch ans Lippen- bzw. Zungenflattern? Und haben Sie dies auch fleißig geübt? Gut so, denn jetzt brauchen wir wieder unsere Propellermaschine. Wir gehen damit jetzt tatsächlich in die Luft.
Die winzige Propellermaschine schraubt sich in den Himmel. Nehmen Sie dazu eine Hand zur Hilfe und lassen Sie das Flugzeug hoch über Ihrem Kopf fliegen. Nun ist aber noch ein Fallschirmspringer an Bord. Sobald die Maschine am höchsten Punkt angelangt ist, schwingt er sich aus dem Flugzeug und segelt langsam nach unten auf den Boden. Vollziehen Sie seinen Gleitflug mit der Hand nach. Um die Flugschau zu verfeinern, lassen Sie nun dem Gleiten des Fallschirmspringers einen Ton folgen. Also, noch einmal: Die Propellermaschine fliegt hoch über Ihrem Kopf. Setzen Sie dazu einen hohen Kopfton an. Sobald der Fallschirmspringer sich von der Maschine loslöst und nach unten gleitet, lassen Sie mit dem Absinken Ihrer Hand auch den Ton nach unten

gleiten, so dass er in einem tiefen Brummen sanft auf dem Boden aufkommt und dort langsam ausklingt. Produzieren Sie dabei aber bitte keinen Gesangston. Es soll ein vollkommen lockerer Ton sein, ohne jegliche Stütze. Er soll einfach nur ganz entspannt aus Ihrem geöffneten Mund herausströmen. Denn der Ton, der dabei entsteht ist eine Abbildung der Töne, die Ihnen Ihr Stimmapparat zur Verfügung stellt. Diese Übung brauchen Sie unbedingt, wenn Sie Ihre Zuhörer nicht in Koma versetzen wollen. Denn, wer immer nur auf der gleichen Stimmlage redet, braucht keine Schlaftabletten mehr zu verabreichen. Ihre Stimme soll frei und locker klingen und dazu gehören insbesondere Betonungen und Akzentuierungen. Den Effekt des „Fallschirmspringers" können Sie gleich ausprobieren. Lassen Sie ihn einfach einmal paar Mal hinab gleiten und nehmen sich dann einen beliebigen Text vor. Beim Lesen setzen Sie nun immer wieder Ihre Stimmpalette ein. Werden Sie hoch und tief mit Ihrer Stimme. Nehmen Sie sich ein Theaterstück vor, oder einen Roman. Lesen Sie die Rollen. Wie klingt eine Frauenstimme, wie eine Männerstimme? Ist es ein handfestes, kerniges Weib, oder eine zarte Jungfrau, ein gestandener Mann, oder ein pubertierender Jüngling, die Sie stimmlich auferstehen lassen? Stellen Sie sich die Personen in Ihrem Text bildlich vor und hauchen Sie Ihnen Leben ein. Trauen Sie sich ruhig, Ihre ganz persönliche Theatervorstellung zu geben.

Allerdings, ich muss es zugeben, fangen bei dieser Übung viele meiner Trainierenden an, zu mosern: „So kann ich doch keinen Text lesen. Das klingt vollkommen übertrieben, wie Schmierentheater." Ich winke dann ab. „Keine Bange. Bevor Sie übertrieben wirken in Ihrer Rede, müssen Sie erst noch ein ganzes Stück aus sich herauskommen." Auf die irritierten Blicke antwortend, füge ich hinzu: „Der ungeschult Sprechende ist meist so gehemmt in seinem stimmlichen Ausdrucksvermögen, dass er schon die kleinste Betonung als Abgleiten in eine Bühnenperformance empfindet. Ganz anders reagiert allerdings der Zuhörer. Durch die räumliche Distanz braucht es einfach eine gewisse Ausdruckskraft und Modulationsbereitschaft, sonst verpuffen die viel zu sparsam gehaltenen Effekte im Raum."

Das habe ich doch wirklich schön erklärt, nicht? Also lassen Sie den „Fallschirmspringer" ruhig so oft wie möglich fliegen.

Natürlich beinhaltet das Fallschirmfliegen ein gewisses Risiko. Aber jeder dieser Luftakrobaten vertraut darauf, dass er sanft landet. Darum wird auch Sie, ein bisschen mehr Modulation und Ausdruckskraft in Ihrer Rede, nicht das Leben kosten.

Merke:
Der „Fallschirmspringer" erweitert und trainiert die Stimmpalette.

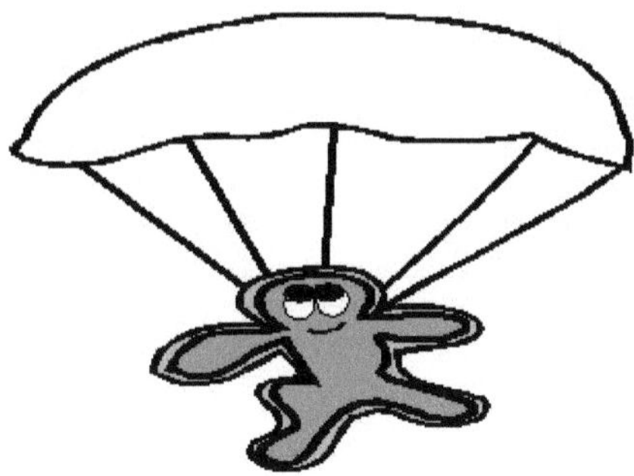

31. Der Überfall

Wer den Umgang mit Atem und Stimme gelernt hat, beherrscht auch eine prima Selbstverteidigungstechnik. Was? Sie meine, ich würde flunkern? Na, dann lesen Sie folgende Geschichte. Es begab sich vor Jahren, dass Sepp, Schauspiellehrer und Regisseur, einen Theaterworkshop abhielt. Im Vordergrund stand der Einsatz der Stimme und Modulationsfähigkeit. Wir waren begeistert von den neuen Möglichkeiten, die wir an uns entdeckten. Betti aber, schien die Techniken schon am ersten Tag verinnerlicht zu haben. Dabei war die Gelegenheit, Ihre neue Kunstfertigkeit auszuprobieren, höchst unangenehm. Denn als sie abends auf dem Nachhauseweg war, trat plötzlich ein muskelbepackter Unbekannter aus dem Finstern der Nacht hervor. „Na, Kleine, wie wär's denn mit uns zwei?" Seine Alkoholfahne schlug ihr entgegen und seine Augen schienen sie auszuziehen. Viel Zeit blieb ihr nicht zum Nachdenken, denn schon grapschte er nach ihrer Jacke, um sie ins Dunkle zu ziehen. Doch sie riss sich los. Aber anstatt die Flucht anzutreten, baute sie sich breitbeinig vor dem Muskelpaket auf und schaute ihm gerade ins Gesicht. Er wollte sich gerade wieder auf sie stürzen, da spitzte sie ihren Mund und flötete ihm mit sanfter, mitleidsvoller Stimme „Du Würstchen" entgegen. Augenblicklich hielt der große Kerl inne. Sein triumphierendes Grinsen wechselte in ein stumpfes Stieren. Wie angewurzelt blieb er stehen. Betti aber schritt flott an dem Verdatterten vorbei. Fünfzig Meter weiter schaute sie noch einmal zurück, doch der Kerl war so plötzlich verschwunden, wie er aufgetaucht war.
Natürlich steckte ihr noch der Schrecken in den Knochen. Doch sie hatte sich nicht zum Opfer machen lassen.
Als sie uns am nächsten Tag von dieser Begegnung erzählte, lachten wir uns krumm und schief. Doch wir zogen auch den Hut vor ihr und vor den Stimmtechniken, die Sepp uns vermittelte.

Merke:
Der gezielte Einsatz der Stimme kann enorme Wirkungen erreichen.

32. Dartspielen für Anfänger

Stellen Sie sich vor, Sie haben einen Dartpfeil in der Hand, heben ihn in Schulterhöhe und lassen ihn dann aus dem Handgelenk heraus mitten ins Ziel fliegen. So einfach ist Dartspielen. Um Ihren Ehrgeiz ein wenig anzustacheln, bauen wir eine Schwierigkeitsstufe ein: Sie feuern erneut ihren Pfeil ab, diesmal aber lesen oder sprechen sie einen Satz dazu und schicken ihn genau die Flugbahn Ihres Dartpfeils entlang.
Mit dieser Übung konnten einige meiner Probanden ihre recht fatalen Angewohnheiten loswerden. Der eine nuschelte seine Sätze regelmäßig an seiner Krawatte herunter, eine andere schickte sie auf Fliegenflug in den Raum hinein. Ein Text sollte seinem Erzeuger gerade und stringent entweichen. Deshalb üben wir nun Dart spielen. Also, noch einmal von vorn: Dartpfeil in die Hand nehmen, sanft und tief einatmen, Ziel anvisieren, Pfeil und Satz losschicken. Wenn das Wurfgeschoss sein Ziel trifft, also am Ende des Satzes, mit der Stimme nach unten gehen. Ins Ziel getroffen? Herzlichen Glückwunsch!

Merke:
Setzen Sie Ihre Stimme zielgerichtet ein.

33. Heute schon gelacht?

Lange nichts zu lachen gehabt? Dann wird es aber Zeit. Zumal wir diese Übung brauchen, um Ihre Resonanz auf Vordermann zu bringen. Lachen Sie einfach aus vollem Bauch und offener Kehle. Fangen Sie jetzt bloß nicht an, dünn vor sich her zu Gackern. Das zählt nicht. Auch das nach innen gezogene, den Erstickungstod unterstützende und angeblich Freude zeigende, Einsaugen der Luft ist hier tabu, genauso wie Gackern, Grölen, Kichern, Quieken, Quietschen, Kreischen, Wiehern und Schmunzeln. Nein, ein offenes, lautes Lachen will ich hören. Das klappt nicht??!! Dann werden wir es üben müssen.
Also: Hinstellen, Füße schulterbreit auseinander, Fußspitzen nach vorne, tief Luft holen, der Bauchnabel muss dabei nach vorne schwellen und die Hüften auseinander. Dann Mund auf, die Kinnlade klappt weit auseinander und nun ein tiefes, dunkles „Joh, hohoho", intonieren. Die Bauchdecke bei jedem „ho, ho, ho" nach innen ziehen. Und noch einmal und wieder von vorne. Legen Sie die Hand auf den Bauch, unterstützen Sie die Impulsbewegung durch leichtes Drücken. So, und das machen Sie jetzt so oft und so lange, bis Sie bei der nächsten Stammtischrunde, die Gläser auf dem Tisch erzittern lassen können. Ihre neue Mannhaftigkeit bzw. gestandene Weiblichkeit wird nicht nur Ihre Skatbrüder und Thekenschwestern zum Erblassen bringen, sondern vor allen Dingen auch den tiefen, vollen Klang Ihrer Stimme trainieren.

Merke:
Lachen mit „Joh, hohoho"ist die beste Übung, um einen tiefen, vollen Stimmklang zu erreichen.

34. Besser ein Spatz in der Hand als vermeintlich Taube im Publikum

Lauschen Sie doch einmal auf das durchdringende Zwitschern eines wütenden Spatzen. Sie werden sich wundern, was der kleine Piepmatz für eine enorme Lautstärke erreichen kann. Dafür gibt es Gründe. Erstens: Er nutzt seine Atemräume und plustert sich auf, als wäre er ein ganz großer. Zweitens will er etwas erreichen: Einen Feind verjagen, vielleicht einen Konkurrenten von seinem Weibchen fern halten, oder einfach nur Krach schlagen. Und drittens: Das kleine Kerlchen entwickelt einen unwahrscheinlichen Instinkt für den Raum und die Weite, die es gedenkt, stimmlich zu beschallen. Genau da wollen wir ansetzen.
Die folgende Übung soll dazu verhelfen, sich zu öffnen, den Hals aufzumachen und ein Gefühl für Raum zu bekommen. Der Denkansatz dazu lautet: Die Weite des Raums in sich aufnehmen, den Raum selbst klingen lassen, sich selbst mit Raum füllen.
Der erste Schritt ist, ordentlich zu gähnen, weit und ausholend. Öffnen Sie den Mund sperrangelweit und lassen Sie Sauerstoff in sich hinein strömen. Die Hand weg vom Mund. Sperren Sie den Rachen auf. Stellen Sie sich vor, Ihr Hals ist wie eine Tuba, durch die Luft strömt. Je mehr Mund und Hals auf sind, umso weiter öffnet sich die Verbindung zu den Atemräumen.
Falls Ihnen die Übung unangenehm werden sollte, Sie husten müssen oder nicht mehr aufhören können, zu gähnen, setzen Sie kurz ab, atmen tief und weich, zählen bis zehn und setzen erneut an.
Lassen Sie nun mit dem Gähnen und Öffnen einen Ton erklingen. Nichts schönes, einfach einen tiefen, weiten Ton, wie beim entspannten Gähnen. Lassen Sie ihn immer wieder klingen. Nun dabei weit mit den Armen ausholen. Führen Sie sie, ausgehend vom Bauchnabel, weit in den Raum hinaus. Und noch weiter. Verbildlichen Sie sich den Raum, den Sie ausfüllen wollen noch weiter, noch größer werdend. Gehen Sie gedanklich, oder auch tatsächlich, in den Besprechungsraum, den Saal, die Aula, die Kirche, den freien Platz, was auch immer sie stimmlich beschallen möchten. Denken Sie groß und weit. Lassen Sie sich ganz mit Stimme ausfüllen. Tragen Sie nun mit dieser Weite einen Absatz Ihrer Rede vor.
Mit der Zeit werden Sie merken, wie es Ihnen gelingt, Räume zu erschließen und für sich zu nutzen. Aber beachten: Nicht mit Gewalt üben, sondern so, dass auch diese Übung Ihnen jederzeit angenehm erscheint.

Merke:
Lernen Sie vom Spatzen, wie ein Gefühl für Raum und Ausmaß, in Verbindung mit der vollen Nutzung eigener Atemräume, weiter bringt.

35. Aus und vorbei mit weichen Knien vorm Auditorium

Der Baum

Ein Kerl wie ein Baum, ein Weib wie ein Walküre: Genauso wollen Sie wirken auf Ihr erhabenes Publikum? Was die folgende Übung verstärken kann ist - Standfestigkeit. Der Redner, dessen Blick vom einen zum anderen hetzt und dabei noch mit den Füßen umher tänzelt, als wären seine schwarzen Lederschuhe zwischen glühenden Kohlen

eingeklemmt, der kann von seinem Gegenüber nicht erwarten, dass er ihn oder sie für voll nimmt. Natürlich merkt das der redenschwingende Gefolterte, seine Stimme wird noch höher, die Kohlen beginnen bereits seine Socken zu verkokeln. Der Auftritt geht in die Hose. - Verloren. Wie gut, dass es da die folgende Übung gibt:
Halten Sie sich einfach lässig gerade. Die Schuhspitzen zeigen geradeaus zum Publikum und die Füße stehen hüftbreit auseinander. Die Arme baumeln locker an den Seiten. Schließen Sie die Augen. Der Atem wird sanft und weich und strömt in Sie hinein, langsam und frisch durch die Nase, in die Atemwege hinein, zu den Lungen, in das Atemzentrum, in ihren ganzen Körper vom kleinsten Finger bis zum größten Zeh. Sie sind wie ein Baum, uralt und doch biegsam und gerade. Von den Fußsohlen aus wachsen knorrige Wurzeln in den Boden und halten Sie, was auch kommt. Sie fühlen sich wie ein Stamm, den seit Jahrhunderten nichts umwerfen noch erschüttern kann. Das einzige, was sie brauchen ist Luft, Licht und Sonne. Sie saugen die Strahlen in sich hinein, genießen ihre schmeichelnde Kraft und Stärke. Genießen Sie dieses Gefühl. Lassen Sie sich ganz davon durchfluten und verinnerlichen es. Denn Sie sind ein Baum, nichts kann Sie erschüttern. Gespürt? Dann blättern Sie direkt zum nächsten Kapitel.

Steh und spring

Ooooohhhhhh. Ist das peinlich. Am liebsten würde ich in den Boden versinken. - Und diese Blicke. Wie sie mich mustern, abtaxieren. Was haben die denn bloß?
Keine Bange, Sie müssen das nicht ewig aushalten. Lockern Sie sich, gehen Sie im Raum umher, schreien Sie oder raufen Sie sich die Haare!
Was das schon wieder soll? Schon erraten? Natürlich - es ist die Vorbereitung auf die nächste Übung. Jetzt trommeln sie am besten erst einmal ihrer Freunde zusammen, vielleicht auch noch einige Nachbarn oder ein paar zufällige Passanten. Dann reihen Sie sie an Ihrer Wohnzimmerwand auf. Nun geht es ganz einfach weiter. Sie stellen sich einfach in die Mitte des Raumes und schauen nach und nach ihren Freunden, Nachbarn und Zufallsbekannten in die Augen und die schauen zurück auf Sie und Sie auf sie. Und alle halten dabei den Schnabel. Ach, wie erholsam. Oder doch nicht? Nein, nein, nicht schummeln. Nicht den Blick zur Seite wenden, sondern immer mitten in die Augen. „Das ist ja furchtbar“, meinen Sie. Da gebe ich Ihnen voll recht. Aber es übt ungemein, Blicke auszuhalten, wirklich Kontakt aufzunehmen, Gesichtsausdrücke zu deuten, Gelassenheit zu proben, wirklich „Baum“ zu sein. Wenn man in der glücklichen Lage ist, wirklich eine ganze Gruppe zum Erproben dieser Übung zusammen zu bekommen, dann lässt sich eine ganze Menge entdecken. Schweigen und schauen. Nur durch den Blick wirken und andere auf sich wirken lassen. Es ist ein Erlebnis. Das ganze lässt sich natürlich auch in einer kleineren Gruppe proben oder mit nur einem Gegenüber.
Auch, wenn diese Übung sehr intim auf sie wirkt, versuchen Sie, sie zu genießen. Lassen Sie sich darauf ein. Aber vergessen Sie auf keinen Fall, nach der Übung wieder die Spannung zu lösen. Denn die Übung heißt nicht umsonst: „Steh und Spring“.
So, jetzt müssten Sie prima auf die Redesituation vorbereitet sein. Erst „Der Baum“, dann den Blickkontakt und schon werden Sie wirken, wie ... Sie selbst am liebsten wirken möchten. Vertrauen Sie. Es funktioniert.

Merke:

Fest verwurzelt und sicher vor Publikum zu stehen, ist die Voraussetzung für ein souveränes Auftreten.

36. Wenn's einfach nicht mehr schief gehen soll: Vorbereitung ist alles

Ich bewundere ja die Ausdauer und den Einsatz, mit dem sich einige Redner vorbereiten. Da wird tagelang am Manuskript gefeilscht, die Worte immer wieder gegeneinander abgewogen, Grafiken werden erstellt, Folien entworfen, unzählige Blätter kopiert und Mappen gebunden. Doch auf die eigentliche Redesituation bereiten sich die wenigsten vor. Und gerade die Sekunden, bevor Sie das erste Wort sagen, entscheiden über den gesamten weiteren Verlauf der Rede.
Wie oft habe ich erlebt, dass der Redner sein „Sehr verehrte Damen und Herren", vom Papier ablesen musste. Er war in keiner Weise darauf vorbereitet, seinen Zuhörern zu begegnen. Stattdessen, versuchte er, sich sein Manuskript zu vergegenwärtigen. Welchen Eindruck dies auf mich macht? „Aha, wieder jemand, der mich als Zuhörer nicht ernst nimmt, oder hat der etwa Angst vor mir? Ist sein Wissen so unzureichend, dass er sich am Papier festhalten muss?" Solche Gedanken werden den meisten Zuhörern durch den Kopf gehen, wenn auch meist im Unterbewusstsein. Doch sie sind da, verlassen Sie sich darauf. Damit wir nun nicht diesen verschiedenen Verdächtigungen ausgesetzt werden, einige Hinweise zum Einstieg in die Redesituation. Die wichtigste Übung dafür ist „Der Baum" (s.o.). Also, breitbeinig und locker stehen, entspannt in die Körpermitte atmen. Sammeln Sie dabei Ihre Gedanken, lassen Sie alles Störende vorüberziehen, bekämpfen Sie es nicht. Ihr Atem stützt Sie und gibt Ihnen Standfestigkeit. Vertrauen Sie darauf. Dann stellen Sie sich vor Ihrem inneren Auge, die Redesituation vor. Wie wird der Raum aussehen? Wer wird kommen, um Ihnen zuzuhören. Begrüßen Sie Ihr Auditorium freundlich und gelassen. Nicken Sie ihnen zu, geben sie die Hand oder umarmen sie den ein oder anderen. Auch wenn Menschen darunter sein sollten, die Sie nicht mögen, oder gegenüber denen Sie Hemmungen haben, zeigen Sie sich souverän und als Herr/Frau der Situation. Denken Sie daran, Ihr Atem unterstützt Sie und sie sind fest wie ein Baum im Boden verwurzelt. Sie kann nichts erschüttern.
In meinem Trainingsraum habe ich die Fensterbank mit allen möglichen Figuren besetzt. Da spitzen zwei Keramikmäuse ihre Nasen, eine Stoffratte mit Brille und Zigarre hört aufmerksam zu, ein Teddybär grinst wohlgefällig und behäbig. Dies sind die Zuhörer eines jeden, der bei mir Stimmunterricht nimmt. Und ich erwarte, dass meine Zuhörer gepflegt werden, auf jeden Fall durch Blickkontakt. Denn Leute, die nur auf ihr Manuskript starren, können sie nicht ausstehen. Sie wollen sehen und hören, dass sie ernst genommen werden und dass sie „ganz normale" Zuhörer sind, vor denen niemand Angst zu haben braucht.
Außerdem sollten Sie bedenken: Jede Rede findet in einem Raum statt, auch wenn es in freier Natur sein sollte. Wenn Sie die Gelegenheit haben, machen Sie sich mit diesem Raum vertraut. Durchschreiten Sie ihn, schauen Sie sich um, tasten, fühlen Sie.

- Wo sind die Fenster?
- Wie sehen die Vorhänge aus?
- Auf welchen Stühlen sitzen Ihre Zuhörer später?

- Nehmen Sie ruhig einmal Platz und schauen Sie nach vorne, wo Sie am Rednerpult stehen oder sitzen werden.
- Wie ist die Beleuchtung?
- Wie ist der Hall im Raum?
- Wie wird es sich anhören, wenn der Saal gefüllt ist?
- Wo steht das Mikrofon? Auf welche Höhe ist es eingestellt? Müssen Sie es eventuell verändern? Machen Sie eine Mikrofonprobe.

Ist ein Hausmeister oder ein Techniker greifbar, fragen Sie ihn nach der Akustik des Raums. Denn jeder Raum hat seine hörbaren Besonderheiten und gerade in großen Sälen oder Hallen, habe ich erlebt, dass es Akustikbrücke gab. Da hatte ich das Gefühl, meine Zuhörer anzuschreien und mein Auditorium fragte sich, weshalb ich so flüstere. Also, scheuen Sie sich nicht, nach den Tücken des Raumes, oder der Tonanlage zu fragen. In großen Hallen mit Tonanlage ist es auch nie verkehrt, mit den Tontechnikern Zeichen auszumachen, beispielsweise, wenn Sie zu nah oder zu weit vom Mikrofon stehen sollten. Denn dies lässt sich technisch oftmals nur schwer auffangen. Bestimmt wird Ihnen noch eine Menge mehr einfallen, wie Sie zu Ihrer Redesituation eine Beziehung aufnehmen können. Haben Sie nicht die Gelegenheit, die Szenerie vorher zu betrachten, dann stellen Sie sich vor, wie es sein könnte. Ihre Phantasie lässt Ihnen allen Spielraum. Wenn es nun aber tatsächlich so weit ist, dass Sie vor Ihre Zuhörer treten müssen, nehmen Sie sich die ein, zwei Sekunden Zeit, einen sicheren Stand zu finden, entspannt ein- und auszuatmen, Blickkontakt aufzunehmen und sprechen Sie dann Ihre Begrüßung. Wenn Sie dann noch den ersten oder die beiden ersten Sätze Ihres Manuskripts frei sprechen, haben Sie den Großteil der Zuhörer schon auf Ihrer Seite. Aber suchen Sie auch im Laufe Ihrer Rede immer wieder den Blickkontakt. Lassen Sie sich Zeit für den Blick aufs Manuskript, denn dann können Sie Ihren Zuhörern frei und selbstsicher begegnen. Denken Sie daran, Pausen geben den Hörern Gelegenheit, Gesagtes zu verdauen und dem Spannungsbogen zu folgen. Das heißt natürlich nicht, dass Ihre Rede zäh wie Kaugummi sein sollte. Aber das haben Sie natürlich längst begriffen.

Hier noch Tipps zu Ihrem Manuskript. Die Redeunterlagen sollten auch im Dämmerlicht noch lesbar sein und so verfasst, dass Sie den Inhalt auch wirklich mit einem kurzen Blick erfassen können. Sparen Sie also nicht am Papier, schreiben Sie doppelzeilig, benutzen Sie Leuchtstift oder skizzieren Sie Gedankenzusammenhänge als leicht durchschaubare Grafik. Denn viele Reden sind allein daran gescheitert, dass der Autor seine Unterlagen nicht entziffern konnte, wo sie doch unter der Schreibtischlampe, beim stillen Lesen, so klar und übersichtlich schienen. Wenn Sie mit einer Präsentationsmappe arbeiten, nummerieren Sie bitte die Seiten. Lassen Sie Ihren Zuhörern genügend Zeit, die Seiten aufzuschlagen und scheuen Sie sich nicht, die vor Ihnen liegende Mappe hochzuhalten und zu zeigen, auf welcher Seite Sie sich gerade befinden. Denken Sie daran, für Ihre Zuhörer ist Ihre Präsentationsmappe etwas vollkommen Neues, mit dem sie sich erst vertraut machen müssen. Falls Sie mit Folien arbeiten, erklären Sie sie bitte deutlich. Zeigen Sie mit einem Stift auf die Punkte, auf die es Ihnen besonders ankommt. Machen Sie sich aber vor allen Dingen vorher mit der Technik vertraut. Wo ist der Knopf, um den Overheadprojektor oder Videobeamer einzuschalten? Wie müssen Sie stehen, um Ihren Zuschauern nicht die Sicht zu nehmen? Ist die Beleuchtung im Raum so, dass auch alle etwas erkennen können? Bei PowerPoint-Präsentationen denken Sie bitte daran, dass die Dynamik der Bilder schnell ein Eigenleben entfalten, bei denen Sie als Redner ins Hintertreffen geraten. Lassen Sie sich Zeit für Erklärungen oder Zwischenfragen. Zeigen Sie sich technikversiert, aber nicht ignorant gegenüber dem Betrachter und Zuhörer. Der Reiz dieser technischen Spielereien erschöpft sich sowieso schnell. Dann sind wieder Sie als Persönlichkeit gefragt. Und es ist schon irgendwie peinlich, wenn nach einer perfekten Bildpräsentation der Präsentator vor sich her stottert. Also, nur Mut, zeigen Sie Ihrem Publikum, was in Ihnen steckt.

Merke:
Je detaillierter die Vorbereitung umso entspannter der Auftritt.

37. Bin ich denn Alleinunterhalter? Vom Fachchinesisch zur gelungenen Präsentation

„Was war das denn für'ne Gestalt? Haste gesehen, wie gebückt der geht, wie unter einer Zentnerlast. Dann, als der „Guten Tag“ gesagt hat. Ach, was sage ich, genuschelt hat er das. Ist ja nun auch kein Wunder, der arme Kerl. Wer so seinen Kopf zwischen den Schultern hängen lässt, ist doch klar, dass man den nicht verstehen kann. Wie er dann so um die Ecke geschlichen ist. Nee, so richtig leid, hat er mir getan.“
Ja, was ist denn da passiert? Die Begegnung der zwei Herren scheint nachhaltigen Eindruck hinterlassen zu haben. Obwohl der Belastete ja nur zwei Wörter gesagt hat und sein Gegenüber wahrscheinlich nur zurücknickte. Aber es ist etwas Entscheidendes geschehen bei dieser Begegnung. Körperhaltung (gebückt, mit hängenden Schultern) und Stimme (genuschelt) waren deckungsgleich. Beides zusammen löste bei den Betrachtern ein niederschmetterndes Empfinden aus. Ich habe dieses Negativ-Beispiel gewählt, weil viele Text- und Sprachpräsentationen bei mir einen niederschmetternden Eindruck hinterlassen. Denn da wird eine Begrüßung, die einladend wirken soll, mit hängenden Schultern vorgetragen, den Blick starr aufs Konzept gerichtet. Anscheinend braucht der Redner für einfaches „Guten Tag, meine sehr verehrten Damen und Herren“, schon die Stütze des vor ihm liegenden Papiers. Sowieso wird Seitenweise gedrucktes abgelesen, ohne dass der Vortragende seine Zuhörer mit einem Blick beehrt, oder gar mal eine Geste andeutet. Wer so seine Persönlichkeit vor mir versteckt, den nehme ich nicht ernst, der stiehlt meine Zeit! Dann kann ich doch gleich das Manuskript lesen und brauche nicht noch dem Langweiler vor mir zuzuhören. Hart nicht? Es kann gar nicht hart genug sein. Denn in Deutschland scheint mir noch immer die Ansicht zu herrschen, dass nur das gelehrt und wohlformuliert erscheint, was vom Blatte kommt. Ich ärgere mich jedes Mal, wenn irgendein Fachchinesisch auf mich nieder prasselt, das anscheinend noch nicht einmal der Vortragende selbst begriffen hat, sonst könnte er es mir auch in einfacheren Worten vermitteln. Aber mit diesen geistig Erstarrten wollen wir uns gar nicht erst weiter beschäftigen. Uns interessieren die Menschen, die wirklich noch etwas zu vermitteln haben, nämlich sich selbst. Und schon höre ich wieder den Vorwurf: „Ich bin doch kein Alleinunterhalter oder Narzisst. Ich spiele doch keine Rolle. Es geht doch nur um das, was ich vermitteln will!“ Oh, diese Bescheidenheit! Dann schicken mir doch eure geistigen Ergüsse per Post, dann kann ich sie in den Abfalleimer werfen, wenn sie mir nicht passen. Dafür bin ich doch in Ihre Veranstaltung gekommen, um Sie zu erleben! Um zu erleben, wie Sie, ja Sie persönlich, mit dem von Ihnen vorgetragenen Thema umgehen. Und weil ich auf Ihre Einladung gekommen bin,

vielleicht sogar noch Geld dafür bezahlt habe, erwarte ich, dass Sie mich als zuhörenden Gesprächspartner ernst nehmen. Das heißt, ich erwarte Blickkontakt und ich erwarte, dass Sie Ihr Thema so gut vorbereitet haben, dass Sie es mir vortragen können. Ich nehme es auch gar nicht übel, wenn Sie ab und zu auf Ihr Konzept schauen. Aber, wenn Sie sich hinter Ihrem Manuskript verstecken, werde ich mich in der Veranstaltung melden und Sie fragen, wieso Sie Ihre Hausaufgaben mitgebracht haben, anstatt einen ausgearbeiteten Vortrag oder Rede. Das ist nämlich das Grundproblem: Viele Reden bleiben, bildlich gesprochen, zu Hause auf dem Schreibtisch liegen, anstatt die Redesituation, vor Publikum mit zu bedenken. Deshalb wirken diese Worte dann starr und unlebendig. Dabei kommt es gar nicht darauf an, ein perfekter Redner zu sein. Aber es ist unabdingbar, authentisch zu sein. Ein leichter Sprachfehler, oder wenn jemand nervös erscheint, ist nicht schlimm. Dafür sind wir Menschen und keine Sprechgeräte. Aber wenn jemand sein Menschsein, seine Persönlichkeit, vor mir verstecken will, dann ist das nicht okay. Dann fühle ich mich hintergangen.
Denn genau in dem Moment spielt er mir eine Rolle vor, die ich nicht zu deuten weiß, die mich verunsichert und auch verärgert. Auf der anderen Seite habe ich einige wenige Male erlebt, wie ein Redner mit den Worten anfing: „Meine sehr verehrten Damen und Herren. Sie müssen verzeihen, ich bin nicht der geborene Redner und habe auch noch nicht vor solch einem großen Publikum gesprochen. Deshalb bin ich etwas nervös. Aber ich hoffe, auf Ihr Verständnis." Die Sympathien im Raum waren direkt auf seiner Seite und der Vortrag kam gut und überzeugend hinterher. Natürlich sollte dies kein Stilmittel werden, dann nutzt es sich schnell ab. Aber die zitierten Worte zeigen Menschlichkeit. Den Redner entlasten sie vom Perfektionsdruck und den Zuhörer nehmen sie in die Vortragssituation mit hinein.
Amerikanische Redner beginnen gerne mit einem Witz. Denn ein Joke entspannt die Szene, gibt Vortragendem und Zuhörern die Gelegenheit, einen kurzen Moment zu lächeln. Und ist es nicht schön, einen Vortrag mit einem Lächeln zu beginnen, auch wenn, oder gerade wenn es um ein scheinbar soooo ernstes Thema wie das Ihre geht?
Was hat das aber alles nun damit zu tun, wie ich einen Text gestalte. Ist das denn nicht so etwas wie Schauspiel? Nein, das oberste Prinzip ist: Authentisch sein. Oftmals erlebe ich, dass ein Redner in seinen Vortrag Szenen aus dem Alltag einbaut, nehmen wir an, eine Begegnung mit dem Nachbarn vor einem Regal im Bauwerkermarkt. Nur, wenn die Story so trocken serviert wird, dass ich mich fragen muss, ob sie denn wirklich passiert ist, dann ist etwas schief gelaufen. Ich erwarte nicht vom Redner, dass er ein Einmannstück auf die Bühne bringt. Aber ich erwarte, dass er es mir ehrlich rüberbringt. Und das kann man lernen. Ein kleiner Trick dabei ist, sich die Szene so vorzustellen, wie sie wirklich war. Beim Proben des Vortrags, Sie proben Ihren Vortrag doch vorher, oder? Stellen Sie sich die Szene noch einmal genau vor. Dann erzählen Sie sie genauso, wie sie gewesen ist, lebendig und wirklich! Wenn ich also in meiner Rede eine Passage habe, in der ich etwas über die Wirkung von Fernsehspots vermitteln will, darf es nicht heißen: „Als ich neulich in den Baumarkt ging, traf ich meinen Nachbarn. Ich sagte zu ihm „Hallo" und er grüßte zurück. Da merkten wir erst, dass wir uns beide für den Laubsauger interessierten, über den wir uns neulich, durch einen Fernsehspot angeregt, unterhalten hatten." Wer diesen Satz bringt, hat seine Zuhörer unmittelbar in Tiefschlaf versenkt. Und ich habe schon zig ähnlicher Sätze gehört. Eine Alternative wäre beispielsweise: „Von hinten schlich ich mich an Rudi, meinen Nachbarn, an. Gedankenverloren stand er vor dem Baumarktregal und kratzte sich das Kinn. Ich tippte ihm von hinten auf die Schulter. „Na, alter Schrebergärtner, willst Du Dir den

Laubsauger jetzt doch kaufen?" Rudi zuckte zusammen. Nach der ersten Schrecksekunde, parierte er prompt. „Du wartest wohl darauf, dass ich mir das Teil kaufe, damit Du ihn Dir ausleihen kannst, was?" Ganz unrecht hatte er damit nicht. Denn als Rudi letzten Donnerstag zum Skatabend erschien, lief der Fernseher und wir sahen beide den Fernsehspot über den Laubsauger. Soviel ich in Erinnerung habe, machten wir uns dabei beide lustig über das rüsselige Teil. Komisch, dass wir uns nun vor dem Regal mit Laubsaugern wiedertrafen und uns dabei fühlten, wie ertappte Jungs." Klingt doch ganz anders, oder? Und ich garantiere Ihnen, jeder der eine ähnliche Szene so erzählt, wird auch die entsprechende Gestik dazu machen. Wir brauchen sie also nicht extra einüben. Wenn das Bild, die Szene in meinem Kopf, stimmt, sitzt auch die Gestik.

Eine in Rhetorikseminaren eingeübte Gestik wirkt oftmals unecht, gekünzelt. Nur eine Gestik, die einem wirklichen Gefühl entstammt, wirkt auch authentisch. Was hilft es, wenn ich die Arme in einer weit ausholenden Geste ausstrecke und ich mir gar nicht sicher bin, ob ich die zweihundert Leute vor mir, wirklich in die Arme nehmen möchte. Seien Sie ehrlich! Stehen Sie ruhig dazu, ein wenig scheu und gehemmt zu sein. Aber, wenn sie etwas wirklich meinen und sagen wollen, dann zeigen Sie es auch und zwar mit Ihrer Gestik, mit Ihrem Gefühl. Denn denken Sie daran, ein Vortag ist nicht nur für andere da. Er ist auch für Sie. Wenn der Vortrag beendet ist, müssen Sie zu sich sagen können: „Okay, wenn auch nicht alles gelungen ist, aber es war wirklich „mein Vortrag". Dazu stehe ich und damit fühle ich mich wohl." Denn Ihre Zuhörer schauen Ihnen nur während der Zeit des Vortrags ins Gesicht, Sie aber müssen sich jeden Morgen im Spiegel anschauen. Und das soll doch mit gutem Gewissen und einem frohen Gefühl geschehen, oder?

Da ich gerade so schön in Rage bin, möchte ich Sie noch vor einer anderen Sache warnen. Buchen Sie nie ein Rhetorik-Seminar, in dem groß mit Videoaufnahmen geworben wird. Warum? Die wenigsten dieser Trainer haben eine Ausbildung als Kameramann oder -frau. Da werden Amateurfilmkameras auf wacklige Stative geschraubt. Da stimmt weder die Beleuchtung, noch der Aufnahmewinkel. Und hinterher soll das Ganze als Beleg für Ihre rhetorischen Fähigkeiten herhalten. Vergessen Sie es. Können Sie sich vorstellen, warum es beim Fernsehen einen Chefkameramann gibt, der insbesondere für die Beleuchtung zuständig ist? Weshalb es dort Visagisten gibt, die Puder und Schminke auftragen, lang ausgebildete Kamerafachleute, die das Bild einrichten, auf Präsentation trainierte Moderatoren? - Weil die Kamera unbarmherzig ist. Sie zeigt jeden Fehler, jede Unreinheit, jede Ungelenkheit. Und dem wollen Sie sich in einem Rhetorikseminar, angeleitet von einem Amateurfilmer, aussetzen? Vertrauen Sie sich lieber dem wohlgemeinten Feedback Ihres Trainers und Ihrer Seminarkollegen an. Dabei kommt es doch einzig und allein darauf an, ob Sie sich wohl fühlen in Ihrer Haut und ob Sie ein Gefühl für Ihren Körper entwickeln. Arbeiten sie mit Ihrer Atmung, entspannen Sie sich, seien Sie ganz Sie selbst, vergessen Sie alles, was Sie aus dem Fernsehen kennen, dann werden auch Sie zu einem guten, authentisch wirkenden Redner werden. Übrigens sind nur die im Fernsehen wirklich gut, die vergessen können, dass sie vor der Kamera stehen.

Merke:

Stehen Sie zu sich. Vertrauen Sie auf Ihre Ausstrahlung und Persönlichkeit. Entwerfen Sie Ihre Rede nicht für den Schreibtisch, sondern für Ihr Publikum.

38. Weder stocksteif noch herumfuchtelnd

Wenn ich ganz bei der Sache bin, mir immer wieder die „Baumübung" ins Gedächtnis rufe und einen guten Atemsitz trainiere, wird die passende Gestik automatisch folgen. Auch wenn es nicht beim ersten Mal funktioniert, Sie werden sehen: Je sicherer Sie werden, umso mehr kommt auch die angemessene Zeichensprache dazu. Denn schließlich gibt es bei der Gestik keine Pauschalregeln. Sehr wohl aber gibt es unterschiedliche Persönlichkeiten und Typen und von denen soll schließlich jeder seinen eigenen Weg finden können.
Dennoch gehört zu einem wirkungsvollen Redner, dass er nicht stocksteif auf der Stelle steht. Wenn er seine Hörer bewegen will, muss er sich auch selbst bewegen. Dabei kann eine sparsame, dafür aber sehr gezielt eingesetzte Bewegung weitaus mehr bewirken als manches wilde Windmühlenschlagen.

Merke:
Die eingesetzte Gestik sollte Ihrer Persönlichkeit entsprechen. Haben Sie Mut, aus sich herauszugehen. Seien Sie natürlich.

39. Zeige mir, wer Du bist

Reden ist doch total leicht und Atmen, das geht doch sowieso ganz von selbst. Nur, wieso hat mancher Redner die Ausstrahlung einer Kalkwand und das Esprit eines Trockenbrötchens? Vielleicht war es sogar wirklich gelehrt, was der für ein fettes Honorar eingekaufte Professor da von sich gab. Nach den ernsten Mienen meiner Sitznachbarn zu urteilen, sogar hochgelehrt. Wäre da nicht das verräterische, gelegentliche Einknicken der Hälse und das Hochschrecken der Köpfe gewesen, hätte ich mal wieder meinen Komplex gepflegt, der einzig Dumme und Gelangweilte im Raum zu sein. Um es auf den Punkt zu bringen: Ich bin immer wieder entsetzt mit wie viel Ignoranz in Deutschland Redner ihr Publikum behandeln. Und keiner steht auf und sagt: „Du bist ein großer Langweiler. Geh nach Hause und schreib doch Bücher, wenn du es live nicht rüberbringen kannst." Dabei gehe ich gar nicht davon aus, dass ein Redner perfekt hochdeutsch reden muss, oder jede Betonung richtig setzt. So ein Quatsch. Er soll mich als seinen Gesprächspartner ernst nehmen und mir zeigen, dass er ein Manuskript nicht nur am Schreibtisch entwerfen, sondern es auch präsentieren kann. Aber gerade die Präsentation wird im Volk der Dichter und Denker sträflich vernachlässigt. Manche Redner scheinen zu meinen, jeder Blickkontakt oder Lächeln könnte ablenken, von den „gelehrten" Inhalten. Oder haben sie einfach nur Angst?
Was halten Sie von einem Menschen, der es nicht wagt, Ihnen in die Augen zu sehen?

Merke:
Zeigen Sie Ihrem Gesprächspartner, dass Sie ihn ernst nehmen.

40. Die Hunderttausend Mark Frage

Der Quizmaster hat die entscheidende Frage gestellt. Auf den Sitzreihen des Fernsehstudios rutscht kein Po mehr hin und her, kein Fernsehzuschauer nimmt den Blick von der Mattscheibe. Was ist passiert? - Gar nichts! Einfach gar nichts. Es herrscht einfach nur Stille. Die Kamera schwenkt auf das angespannte Gesicht der Kandidatin. Die beißt angestrengt überlegend die Lippen aufeinander. Und noch immer passiert überhaupt nichts. Nur lähmende Stille füllt das Studio und die Wohnzimmer. Dann die Antwort, dünn, leise, unsicher gesprochen. Das Gesicht des Quizmasters wandelt sich von der ernsten Miene zum verschmitzten Lächeln. Sein trockenes „Das ist richtig", lässt im Bruchteil einer Sekunde die Tribünenbretter und die Wohnzimmerböden erbeben. Hunderttausend Mark! Die Kandidatin hat soeben HUNDERTTAUSEND MARK gewonnen und alle freuen sich mit ihr. Haben Sie gemerkt, was hier die Spannung brachte? Die Pausen! Gerade die Momente, wo scheinbar nichts passierte - und doch alles. So ist es auch bei der gesprochenen Rede. Spannung bringt nicht der schnell geplapperte Satz, der jung und dynamisch wirken soll. Nein, der überlegende, hinhaltende Moment bringt die Wirkung, das kurze Verharren, das „auf die Folter spannen".
Also lassen Sie sich ruhig Zeit beim Reden. Holen Sie gerade so viel Luft, wie sie für die nächsten paar Wörter brauchen. Es wird reichen, um über den Satz zu kommen. Und wenn nicht? Dann machen sie einfach eine kleine Pause und schöpfen Atem nach. Denn Sie sind der Herr Ihres Publikums und die Frau der Lage.

Merke:
Wohlgesetzte Pausen bringen Spannung.

41. Das Mikrofon: Dein Freund und Helfer

Auf die richtige Haltung kommt es an – mit und ohne Mikrofon. Wenn das Redemanuskript flach auf dem Pult liegt und der Sprecher davon abliest, klappt automatisch der Kopf in Richtung Brust. Damit wird die Ausatmung, die ja die Stimme trägt, abgeschnürt. Das Ergebnis hört sich gequetscht oder gebrochen an. Zudem ist die Gefahr von Versprechern viel größer, da die Mundwerkzeuge in dieser Position nicht frei sind. Ein einfacher Buchständer, im Schreibwarenladen für drei Euro zu erwerben, wirkt da schon Wunder.
Außerdem sollten die Arme frei sein. Niemand braucht sich beim reden festzuhalten. Es hilft auch nicht weiter, das Blatt schräg in der Hand zu halten. Denn erstens kann es dabei rascheln und zweitens liegen die Ellenbogen dann doch wieder auf der Tischplatte. Sehr beliebt ist auch die „Schildkrötenhaltung". Dabei ist der Kopf tief zwischen den Schulterblättern eingezogen und der Rücken produziert einen wunderschönen Buckel. Wie soll da ein anständiger Ton dem Körper entweichen können? Den Rücken also gerade halten, aber nicht stocksteif, das wäre das andere Extrem. Die Füße sollten, auch in der Sitzhaltung, Bodenkontakt haben und nicht etwa übereinandergeschlagen sein. Diese Erdung gibt dem Sprechenden Halt und vermittelt Sicherheit. Dennoch, bei vielen Neulingen am Mikrofon wollen diese gutgemeinten Ratschläge einfach nicht den gewünschten Erfolg bringen. Zwar werden die Versprecher weniger und auch der

Stimmklang wirkt fester und offener, aber nun fehlt die Lockerheit. Dabei stoße ich immer wieder auf das „Tagesschausyndrom“. Als müsste man mit todernster Miene vor dem Mikro sitzen und dabei einen tragischen Flugzeugabsturz vermelden und hinterher noch ein Bergwerksunglück. Raus damit aus dem Schädel. Die Tagesschausprecher arbeiten mit ganz eigenen Techniken und beherrschen besonders die Nuancen der Mimik und der Modulation. Diese Feinheiten brauchen wir nicht für unsere Techniken. Viel wichtiger ist, sich einen ganz konkreten Ansprechpartner vorzustellen, eine konkrete Person vor Augen zu haben.
Wenn Sie vor Publikum reden, ist es am wirkungsvollsten, wenn Sie sich aus der Masse der Zuhörer drei Personen heraussuchen. Und zwar eine rechts von Ihnen, eine geradeaus und eine links sitzend. Ist Ihre Zuhörerschaft größer und verteilt sich auf einen großen Saal oder freien Platz, dann benutzen Sie den sogenannten „M-Blick“. Das bedeutet, wenn Sie sich die Masse Ihrer Zuhörer in Form eines „M“ vorstellen, sollten sie am jedem Endpunkt des Buchstabens eine Person im Visier haben. Schauen sie diese Leute nacheinander gezielt an, schauen Sie ihnen in die Augen. Suchen Sie sich niemanden, der auf seine Füße stiert, sondern jemanden, der Ihrer Rede aufmerksam folgt. Lassen Sie sich durch ihn oder sie motivieren, nehmen Sie Kontakt auf, verweilen Sie dort ein Weilchen und wechseln dann nacheinander zu den anderen von Ihnen ausgesuchten Zuhörern. Durch diesen Trick haben Sie immer eine konkrete Person vor Augen und die Zuhörer haben das Gefühl, dass Sie ihnen in die Augen schauen und zwar alle, nicht nur die Ausgesuchten. Und vor allen Dingen: Lesen Sie niemals so schnell, dass Ihnen keine Zeit mehr bleibt, Blickkontakt aufzunehmen, dann sind Sie zu schnell. Denn Spannung und Intensität vermittelt sich nicht durch einen schnellen Wortbrei, sondern durch Pausen, Klarheit, Festigkeit und Offenheit.

Merke:
Reden Sie immer zu konkreten Personen, nicht zu einer anonymen Masse. Ihre Körperhaltung dabei ist gut „geerdet“, frei und offen.

42. Vorsicht! - Sie werden beobachtet

Da hat er wieder eine große Lippe riskiert, der Jürgen von der Lippe. Der Saal tobt. Die Kamera fängt lachende Gesichter, gackelnde Frauen und schenkelklopfende Männer ein. Aber schon ist der Kabarettist, Komiker und Talkmaster wieder im Bild und zwar in den ganzen Fernsehschirm füllender Kopfgröße. Seine braunen Dackelaugen schauen, als könnten sie kein Wässerchen trüben und locker vom Hocker lässt er den nächsten Joke vom Stapel. Einschaltquote des auf SAT1 laufenden „Komischen Jahresrückblicks“: Mehrere Millionen Zuschauer. „Millionen Zuschauer“, lassen Sie sich dies einmal auf der Zunge zergehen und nun stellen Sie sich vor, Sie stünden selbst vor der Kamera und müssten den Witze erzählen, den Sie gestern den Kollegen in der Kantine zum Besten gaben. Na, merken Sie schon das Kribbeln in der Magengrube und die ersten Zeichen einer Panikattacke? Keine Bange, das ist völlig normal. Selbst für Fernsehprofis. Die haben das Ganze nur schon öfters durchritten und sich mittlerweile eine gewisse Routine angeeignet. Dennoch, der Erfolg eines Jürgen von der Lippe oder eines anderen Comedians liegt gerade darin, dass er vor der Kamera völlig normal wirkt. Eben nicht, als würde er zu einem Millionenpublikum sprechen, sondern eher, als würde er in Ihrer

Stammkneipe neben Ihnen am Tresen stehen, sein Bierglas auf die blankpolierte Theke setzen und sagen: „Jungs und Mädels, kennt ihr den schon?“
Wie kann uns aber „Kumpel“ Jürgen helfen, wenn wir selbst vor der Kamera stehen sollen, jemand uns ein Mikrofon vor die Nase hält und unbedingt ein Interview von uns will?

- Regel 1: Versuchen Sie niemals Jürgen von der Lippe zu kopieren. Dies führt unmittelbar zu
- Regel 2: Seien Sie ganz Sie selbst. Versuchen Sie auf keinen Fall, der neue Stern am Horizont zu sein.
- Regel 3: Vergessen Sie einfach Kamera und Fernsehteam und konzentrieren Sie sich auf die Beantwortung der Frage.
- Regel 4: Versuchen Sie niemals, besonders offiziell oder seriös zu wirken. Sonst sehen Sie nachher auf der Mattscheibe aus, als hätten Sie einen Besenstil verschluckt und wären krampfhaft bemüht, die Worte herauszuwürgen. Stellen Sie sich einfach vor, Sie würden die Sache einem lieben Kollegen oder Freund erzählen.
- Regel 5: Üben Sie den „Baum“ und so schnell haut sie nichts aus den Socken, auch kein aufdringliches Fernsehteam.
- Regel 6: Nehmen Sie die ganze Sache ja nicht zu ernst. Auch ein Fernsehauftritt ist letztlich nur ein Job und es gibt weitaus wichtigeres im Leben.

Nun aber genug der Regeln und noch einige Fakten. Fernsehen ist ein hochtechnisierter Bereich. Darum dauert es, bis das Licht gesetzt ist und der Bildausschnitt gefunden. Außerdem kann es durchaus vorkommen, dass Sie nicht nur einige Worte vor laufender Kamera ins Mikrofon sprechen sollen, sondern dass Sie gebeten werden, einige Szenen nachzustellen. Findet das Interview in Ihrem Büro statt, kann es deshalb durchaus sein, dass das Fernsehteam Sie bittet, einen Aktenordner aus dem Regal zu holen, sich damit an den Schreibtisch zu setzen und den Inhalt einiger Klarsichthüllen intensiv zu betrachten. Diese Szenen sind nachher die sogenannten „Antextbilder“, die Sie als Interviewpartner vorstellen. Also, nicht die Geduld dabei verlieren, auch wenn Sie die Szene ein paar Mal wiederholen müssen. Zudem kann es sein, dass sich während des Interviews liebend gerne hinter Ihrem Schreibtisch verschanzen möchten, der Kameramann aber zweifelnd mit dem Kopf nickt und dann rückmeldet: „Also, das Licht gefällt mir überhaupt nicht.“ Dann liegt es nicht an Ihrer Ausstrahlung, wenn das Interview schließlich vor dem Bürogebäude stattfindet. Je kooperativer Sie sind, umso schneller ist der ganze Spuk vorbei. Außerdem können Sie ruhig Vorschläge machen zur Auswahl der „Location“, denn Sie kennen die Örtlichkeiten am besten. Vertrauen Sie darauf, ein motiviertes Fernsehteam ist daran interessiert, sie möglichst gut in Szene zu setzen.
Wenn die Kamera nun läuft und der Interviewer Ihnen die erste Frage stellt, schauen Sie bitte nicht in die Kamera. Das wirkt nachher, als würden Sie einen Kommentar von sich geben. Tatsächlich aber, sind Sie doch in einer Gesprächssituation. Ihr Gegenüber, also der Interviewer, stellt Ihnen eine Frage und Sie antworten darauf. Und selbst, wenn der Interviewer hinterher nicht im Bild erscheint, so weiß der Zuschauer doch, dass es sich um eine Gesprächssituation handelt und nicht um ein auf die Kamera gerichtetes Redestück. Am besten, also vergessen Sie einfach die Kamera und konzentrieren sich ganz auf Ihr Gegenüber. Denn das Abschweifen des Blickes in die Kamera wirkt eher

hilflos, als wirklich an das vermeintliche Publikum gerichtet. Wenn Sie sich unsicher sind, wohin Sie schauen sollen und der Interviewer Sie auch nicht eingewiesen hat, dann fragen Sie ruhig. Schließlich bekommen die Medienschaffenden ihr Gehalt dafür, professionelle Bilder zu bringen. Noch eins zum Schluss: Lassen Sie sich von einem Kamerateam auf keinem Fall zum Statisten machen. Das eine Szene bestimmte Bilder braucht ist normal und auch das manchmal etwas nachgestellt werden muss. Aber alles hat seine Grenzen. Machen Sie nur das, was Ihnen angenehm ist und wobei Sie sich wohlfühlen. Sollte dies nicht der Fall sein, verzichten Sie lieber auf das Interview oder das Portrait. Denn nicht alles, was eine Kamera oder ein Mikrofon mit sich führt, ist deshalb auch schon professionell. Deshalb also, schon bevor die Kamera läuft, cool bleiben und sich die Situation nicht aus der Hand nehmen lassen, auch wenn es dabei „nur?“ um ein Firmen- oder Schulungsvideo gehen sollte.

Merke:
Vergessen Sie die Kamera und konzentrieren Sie sich auf Ihren Gesprächspartner.

43. Die Rolle Ihres Lebens

Sind Sie bereit, die Rolle Ihres Lebens zu übernehmen? Wollen Sie in das Stück einsteigen, das nur für Sie geschrieben ist? Star sein im Theater Ihres Lebens? Wirklich und auf jeden Fall? Herzlichen Glückwunsch! Denn nun sind Sie bereit, das in diesem Buch Gelernte, zu verinnerlichen.
Andernfalls werden die Übungen nur geringen Erfolg zeigen. Darum schlage ich Ihnen vor: Setzen Sie sich hin und schreiben in Ruhe auf, welche Rollen Sie in Ihrem Leben übernommen haben. - Liegt Papier und Bleistift parat? Dann kann es losgehen. Also, Sie sind leitender Angestellter in einer mittelständischen Firma. Einerseits sind Sie Chef einer Abteilung, andererseits haben Sie selbst wieder einen Boss vor sich oder einen Vorstand. In dieser Beziehung sind Sie also Untergebener oder zumindest Rechenschaft Leistender. Wenn Sie nach Hause kommen, sind Sie Mama/Papa oder Partner. Gehen Sie im Wald joggen, schlüpfen Sie in die Rolle des Sportlers. Die Gesamtheit dieser Rollen ist Ihr Leben.
Wieso das Rollen sind? Sie sind doch immer nur Sie selbst und fühlen sich in keiner Weise als Schauspieler? Haben Ihre Eltern Ihnen denn nicht beigebracht, wie man sich verhält, wenn man einem Vorgesetzten gegenüber steht, oder wie man Honoratioren begegnet? „Gib Deinem Chef niemals Widerworte, Junge. Zieh, was Anständiges an, wenn Du Dich Deinen zukünftigen Schwiegereltern vorstellst! Lass Dir doch mal die Haare schneiden, mit der Frisur kriegst Du nie einen Job!“ Ähnliche Ermahnungen könnte man bestimmt endlos aufzählen. Doch eins haben sie alle gemeinsam: Sie gehen davon aus, dass derjenige an den sie gerichtet sind, in eine Rolle schlüpft. Natürlich sind die beiden auch weiterhin der nette Junge oder das liebe Mädchen sein, nur wenn es drauf ankommt, sollen die beiden so erscheinen, wie andere meinen, dass es der Situation angemessen ist. Es machen eben nicht nur Kleider die Leute. Vielmehr sind die Klamotten Kostüme, die zur jeweiligen Rolle passen.
Sie sind nie der Selbe. Ihr Auftreten und Ihre Erscheinung ändern sich mit der Situation und der Umgebung. Wenn Sie sich im Kreise Ihrer Mitarbeiter befinden, können Sie ruhig schon einmal hemdsärmelig dastehen. Gehen Sie zu Ihrem Vorgesetzten, rücken

Sie die Krawatte zurecht und ziehen das Jackett über. In Ihrer Freizeit tragen Sie einen bequemen Pullover. Und wenn Sie mit Ihren Kindern spielen, ziehen Sie den Trainingsanzug an, denn damit kann man am bequemsten auf dem Teppich liegen. Und genauso, wie Sie Ihre Kleidung wechseln, werden Sie Ihre sonstige Erscheinung der jeweiligen Situation anpassen. In der Regel bereitet dies auch keine weitere Mühe, denn wir haben Spaß an unserem Beruf, sind noch lieber im Kreise unserer Familie und entspannen uns zum Beispiel beim Walken auf schattigen Waldwegen. Wohlgemerkt, in der Regel. Geht es aber nun mit der Karriere nicht voran, oder Ihre Mitarbeiter erfüllen nicht das von Ihnen erwartete Soll, dann kann dies ruck zuck Auswirkungen auf Ihre sonstigen Lebensbereiche haben. Auf einmal ertappen Sie sich, wie Sie Ihre Kinder im Befehlston kommandieren, anstatt Ihnen mit ruhiger und gelassener Stimme zu erklären, weshalb man ein Spielzeugauto nicht mit dem Hammer bearbeiten darf. Ihre Mitarbeiter wiederum erwarten von Ihnen ein festes und sicheres Auftreten, stattdessen bitten Sie mit flehendem Unterton, doch endlich das längst überfällige Projekt zum Abschluss zu bringen. Ihr Chef erwartet klare Auskünfte und Sie schlagen den Blick nieder, mit viel zu hoher Stimme Entschuldigungen stotternd.

In all diesen Fällen sind Sie Ihrer jeweiligen Rolle nicht gerecht geworden, haben sie vielleicht sogar innerlich abgelehnt. Ihren Kindern waren Sie nicht der Vater, ihren Mitarbeitern nicht der Chef, Ihrem Vorgesetzten nicht der zuverlässige Abteilungsleiter. Dabei können Sie all diese geschilderten Situationen, allein durch Ihr Auftreten beeinflussen. Denn, wenn Sie ruhig und bestimmt mit Ihren Kindern reden, lassen die das Spielzeug heil. Wenn Sie Ihren Mitarbeitern mit fester Stimme klare Vorgaben machen und Ihnen gleichzeitig volle Unterstützung signalisieren, wird das Projekt zu einem guten Ende kommen. Schauen Sie Ihrem Vorgesetzten mit offenem Blick in die Augen, ihm knapp und klar den Stand der Dinge schildernd, so wird er Ihre Führungsqualitäten zu schätzen wissen.

Aber auch, wenn alles ganz anders kommt, Ihre Kinder nicht aufhören, das Spielzeug zu demolieren, die Mitarbeiter weiterhin dem Soll hinterherhinken und für Ihren Vorgesetzten nur das Ergebnis zählt, so stehen Sie doch mit geradem Rücken vor dem Spiegel und können sich offen in die Augen schauen. Vorausgesetzt, Sie stehen zu sich selbst und Ihren Rollen. Langfristig werden Sie dann auf jeden Fall Erfolg haben in Familie, Beruf und Freizeit. Denn Sie werden das Ziel erreichen, das hinter all Ihren Planungen und Wünschen steckt: Zufriedenheit.

Schreiben Sie also all Ihre Rollen auf das vor Ihnen liegende Stück Papier. Stellen Sie sich dann jeweils die Frage: „Habe ich diese Rolle für mich angenommen?“ Notieren Sie „Ja“ oder „Nein“. Hören Sie auf Ihre innere Stimme. Lautet die Antwort „Ja“, gehen Sie zum nächsten Punkt. Lautet sie „Nein“, schreiben Sie darunter, was Sie verbessern wollen. Wenn Sie dies nur sehr unbestimmt äußern können, lautet mein Ratschlag: Machen Sie eine der vorab geschilderten Entspannungsübungen. Lassen Sie Ihrer Phantasie freien Lauf und stellen sich vor, wie Sie sich den idealen Mitarbeiter, Chef, Papa, Sportler oder Liebhaber vorstellen, je nachdem, welche Rolle Sie nicht zufrieden gestellt hat oder undefiniert geblieben ist. Machen Sie die Augen wieder auf und denken Sie darüber nach, ob das vorgestellte Optimalbild, Ihren eigenen Erwartungen und Kräften entspricht. Das Ergebnis notieren Sie auf Ihrem Blatt.

Schauen Sie auch später, immer mal wieder auf Ihre Notizen. Es ist spannend, wie sich eine Rolle verändert, sich Ihren Vorstellungen annähert, oder auch entfernt. Vielleicht ist diese von Ihnen erstellte Skizze ja sogar der Anfang zum Bühnenstück Ihres Lebens.

Auf jeden Fall aber die Voraussetzung zum dauerhaften Erfolg unseres Trainingsprogramms. Und vielleicht hilft Ihnen ja das Aufzählen Ihrer Rollen, zu erkennen, wer Sie wirklich sind.

Merke:
Seien Sie sich klar über die Rollen in Ihrem Leben.

44. Wer will schon Hundert werden?

Ich weiß nicht, was Ihr freundlicher Arzt oder Apotheker bei Erkältung empfiehlt, mein Ratschlag dazu lautet jedenfalls: Eine entspannte Tiefatmung stärkt die Widerstandskraft und hilft, Bazillen frühzeitig wieder los zu werden. Durch eine Erkältung will der Körper signalisieren: Tritt ein wenig kürzer, gönne Dir und mir doch mal wieder ein bisschen Ruhe. Gerade die Wechselzeiten im Jahr, wie Herbst und Frühjahr sind anstrengend für den Körper. Nicht nur die Natur stellt sich in diesen Monaten darauf ein, Kräfte zu sammeln, beziehungsweise zu bewahren, sondern auch unser Körper. Wenn wir mit dem Kopf gegen die Signale des Leibes arbeiten, kommt es schnell zur Erkältung. Also: kürzer treten, Entspannungsübungen machen, viel an frischer Luft bewegen, tief durchatmen. Außerdem ist es empfehlenswert, im Büro und in der Privatwohnung ein Hygrometer aufzustellen, um die Luftfeuchtigkeit messen zu können, denn oftmals sind unsere Räume viel zu trocken. Die Folge ist, die Nasenschleimhaut trocknet aus und kann Bazillen nicht mehr ausfiltern. Gegenmaßnahmen sind auf die Heizung gelegte, nasse Handtücher oder Spezialgeräte aus dem Fachhandel. Außerdem sollten Sie viel Früchtetees oder Mineralwasser trinken.
Wie Atemübungen Stress vorbeugen und Ängste lösen können, habe ich schon in vorherigen Kapiteln angesprochen. Meist haben Stress und Ängste aber eine ganze Reihe von Ursachen. Die vorgestellten Trainingsmethoden sind ein Baustein zum Fundament des gesteigerten Wohlbefindens und der Entspannung.
Bei Verspannungen hilft mir seit Jahren eine Übungsabfolge leichter Yogaübungen, die sich die „Fünf Tibeter“ nennen (s. Literaturverzeichnis). Sie sind leicht zu erlernen und gut in den Alltag einzubauen.
Muskelaufbau und gleichzeitige Lockerung lässt sich prima mit sogenannten „Physiobändern“ erzielen. Dies sind Gummibänder, die in verschiedenen Stärken in Sport- oder Sanitätsgeschäften zu bekommen sind. Erkundigen Sie sich vor dem Kauf beim Fachpersonal, welches Band für Sie in Frage kommt. In der Verpackung befindet sich meist eine Anleitung zum Erlernen der Übungen. Den besten Effekt erzielen Sie, wenn Sie die dort vorgeschlagenen Trainingseinheiten so aufbauen, dass Sie nicht wie wild am Gummiband ziehen, sondern die Anspannung einige Zeit halten, loslassen und neu ansetzen. Dies ist auch die Maßgabe bei allen anderen Formen isometrischer Übungen.
Dabei gilt, weniger und regelmäßig geübt ist mehr, als mit falsch verstandenem Ehrgeiz und verkrampft, den Körper in Schuss bringen zu wollen. Jedenfalls sollte bei jeglichen körperlichen Übungsformen, die Tiefatmung als oberstes Prinzip gelten. Dadurch werden Sie sehr bald, sichtbaren Erfolg erzielen. Denn das Atmen in den Beckenbereich fördert nicht nur die Durchblutung, sondern auch die Verdauung.

Damit Ihr Tag wirklich gut gelingt, sollten Sie sich immer mal wieder ein wenig Strecken und Gähnen vor dem offenen Fenster gönnen. Sie werden sich danach auf jeden Fall fitter fühlen, als es der Griff zur Kaffeetasse bewirken kann.
Ansonsten habe ich bei den einzelnen Übungen ihre jeweilige Wirkungsweise beschrieben. Jetzt liegt es an Ihnen, Geist, Seele und Körper etwas Gutes zu tun.

Merke:
Gönnen Sie Ihrem Körper Erholung. Nutzen Sie Atemtechniken, Yoga und betreiben Sie leichten Muskelaufbau. Aber immer beachten: Entspannung geht vor Ehrgeiz.

45. Und nun?

Nichts muss perfekt sein. Auch der Nachrichtenmoderator verspricht sich schon mal und es wirkt wunderbar, wenn er sich mit einem charmanten Lächeln dafür entschuldigt. Jeder ist mal heiser oder einfach nicht gut drauf. Nach einer durchwachten Nacht braucht keiner auf Glanzleistungen zu hoffen. Das muss auch gar nicht sein, sein Sie also nicht zu streng mit sich, wenn mal etwas danebengeht. Die von mir vorgeschlagenen Übungen werden Ihnen weiterhelfen und bestimmt werden Sie einiges an Ihrem rednerischen Auftreten verbessern können. Aber denken Sie daran, wichtig ist es, Mensch zu sein und dies den Mitmenschen auch offen zu zeigen. Sonst könnten wir uns doch direkt von stimmengenerierenden Powerpointpräsentationen ablösen lassen. Aber bedeutet das wirklich Fortschritt? Außerdem sollen die in diesem Büchlein beschriebenen Techniken dazu dienen, Ihre Kritikfähigkeit zu stärken. Denn hinter allen Techniken und Stilmitteln soll immer der Mensch erkennbar sein. Ich hoffe, dass Sie nun in der Lage sind zu erkennen, wer es als Redner mit Ihnen ehrlich meint oder Ihnen ein X für ein U verkaufen will und dass Sie es auf jeden Fall besser machen werden.

Merke:
Haben Sie Mut, Sie selbst zu sein. Stehen Sie zu Ihren Stärken und Schwächen. Beides macht Ihre Persönlichkeit aus und Ihre Fähigkeit, ein unverwechselbarer Redner zu sein.

46. Das Leben ist zu kurz, um etwas Schlechtes zu lesen

Hier eine kleine Auswahl der in diesem Buch ausgewerteten Literatur. Weitere Literaturangaben, Seminarangebote und Links finden Sie unter http://www.isisem.de .

Empfehlenswertes zu Stimm- und Atemtechniken:

- Horst Coblenzer/Franz Muhar, Atem und Stimme, Anleitung zum guten Sprechen, 9. Auflage, Wien 1989 (Ein für den „Einsteiger“. Viel zum Ausprobieren und Selbermachen.)

- Julius Hey, Der kleine Hey, Die Kunst des Sprechens Neuauflage, Mainz 1971 (Ein Einblick in die klassische Theaterarbeit und Sprecherziehung. Ein immer wieder neu aufgelegtes Standardwerk. Wer noch nie seine Zunge verknotet hatte - danach bestimmt!)
- Edith Wolf/Egon Aderhold, Sprecherzieherisches Übungsbuch (aus der Reihe: Theaterpädagogische Bibliothek), 8. Auflage, Wilhelmshaven 1990 (Dieses Buch arbeitet sich sehr genau und mit vielen guten Übungen an den Vokalen und Konsonanten entlang. Ein Muss für die gute und entspannte Aussprache.)
- Egon Aderhold, Sprecherziehung des Schauspielers, Grundlagen und Methoden, Wilhelmshaven/Heinrichshofen 1977 (Nicht nur für die Schauspielarbeit ein hervorragendes Werk mit viel Praxis und Theorie.)
- Felix Rellstab, Sprechtechnik-Übungen, Für Klassen-, Gruppen- und Einzelunterricht an Mittelschulen, Lehrerseminaren, Schauspiel- und Gesangsschulen, CH-Wädenswil 1982 (Der Untertitel ist ein wenig großspurig. Aber das Buch enthält gute und sinnvolle Übungen.)

Empfehlenswertes für Körper und Entspannung:

- Peter Gelder, Die fünf „Tibeter“, Erste deutsche Auflage, Wessobrunn 1989 (Die Übungen sind prima. Ich praktiziere sie nun schon seit Jahren. Jeden Morgen etwa fünf Minuten. Die Philosophie drum herum ist Geschmackssache.)
- Wolfgang und Brigitte Gillessen, Erfahrungen mit den fünf „Tibetern“, Wessobrunn 1991 (Wer sich entscheidet, die Übungen zu machen, sollte zur Vertiefung auch dieses Buch gelesen haben.)
- Richard Hittleman, Yoga, Das 28-Tage-Programm mit 622 Fotos, 11. Auflage, München 1991 (Verhältnis Preis/Leistung ist Klasse. Die zahlreichen Bilder helfen sehr.)
- Hannes Lindemann, Überleben im Stress, Autogenes Training, Der Weg zur Entspannung Gesundheit- Leistungssteigerung, 18. Auflage, München 1973 (Der Kauf lohnt sich auf jeden Fall. Aber bedenken: Autogenes Training erfordert Beharrlichkeit und Disziplin. Der Gewinn ist allerdings hervorragend.)
- Klaus Thomas, Dr. med. Dr. phil., Praxis des Autogenen Trainings, Selbsthypnose nach I.H. Schultz, 2. Auflage, Stuttgart 1989 (Ein weiterführendes Werk zum Autogenen Training. Besonders interessant ist die Arbeit mit Phantasiebildern und deren Bedeutung. Dies ist allerdings nur etwas für den Fortgeschrittenen und sollte, wie Autogenes Training überhaupt, zumindest in der Anfangsphase unter fachkundiger Aufsicht durchgeführt werden.)
- Paul Wilson, Das Buch der Ruhe, Gelassenheit am Arbeitsplatz München, 1997 (Das Buch ist für den täglichen Gebrauch hervorragend. Es hält, was der Titel verspricht.)
- Sabine Friedrich, Volker Friebel, Entspannung für Kinder, Übungen zur Konzentration und gegen Ängste, Hamburg
- Eugen Herriegel, Zen in der Kunst des Bogenschießens, 29. Auflage, Bern/München/Wien 1989 (Ein Klassiker. Absolut lesenswert. Vermittelt tiefe Einblicke von der mystischen Beziehung zwischen Spannung und Entspannung)

- Heinrich Kleist, Über das Marionettentheater, Aufsätze und Anekdoten, Frankfurt am Main 1987 (Ein wunderschönes Buch mit tiefen Wahrheiten und Überraschendem über Geist und Seele des Menschen und der Puppen.)

Empfehlenswertes für den Umgang mit den Medien und zur Redevorbereitung:

- Alfred Fetescherin: Mit den Medien arbeiten, 100 Regeln für den Umgang mit Presse, Radio, Fernsehen, Düsseldorf 1990 (Durchblättern lohnt sich.)
- Luwig Reiners, Stilfibel, 21. Auflage, München, dtv, 1985 (Tja, was man so alles falsch machen kann in geschriebenem Wort und in der Rede. Vergnügliche und unbedingt lesenswerte Lektüre.)
- Sternberger/Storz/Süskind: Aus dem Wörterbuch des Unmenschen, Neue erweiterte Ausgabe mit Zeugnissen des Streites über die Sprachkritik, 3. Auflage, Frankfurt/M, Ullstein, 1986
- Dieter Herbst, Das professionelle 1x1 der Internen Kommunikation, Berlin, 1999, 1. Auflage ISBN 3-464-49038-6 (Das Buch berücksichtigt neue Medien und ist eine Sammlung guter Arbeitsmaterialien und Anregungen.)

Merke:
„Ein Buch muss die Axt sein für das gefrorene Meer in uns“, Franz Kafka

Printed by Books on Demand GmbH, Norderstedt / Germany